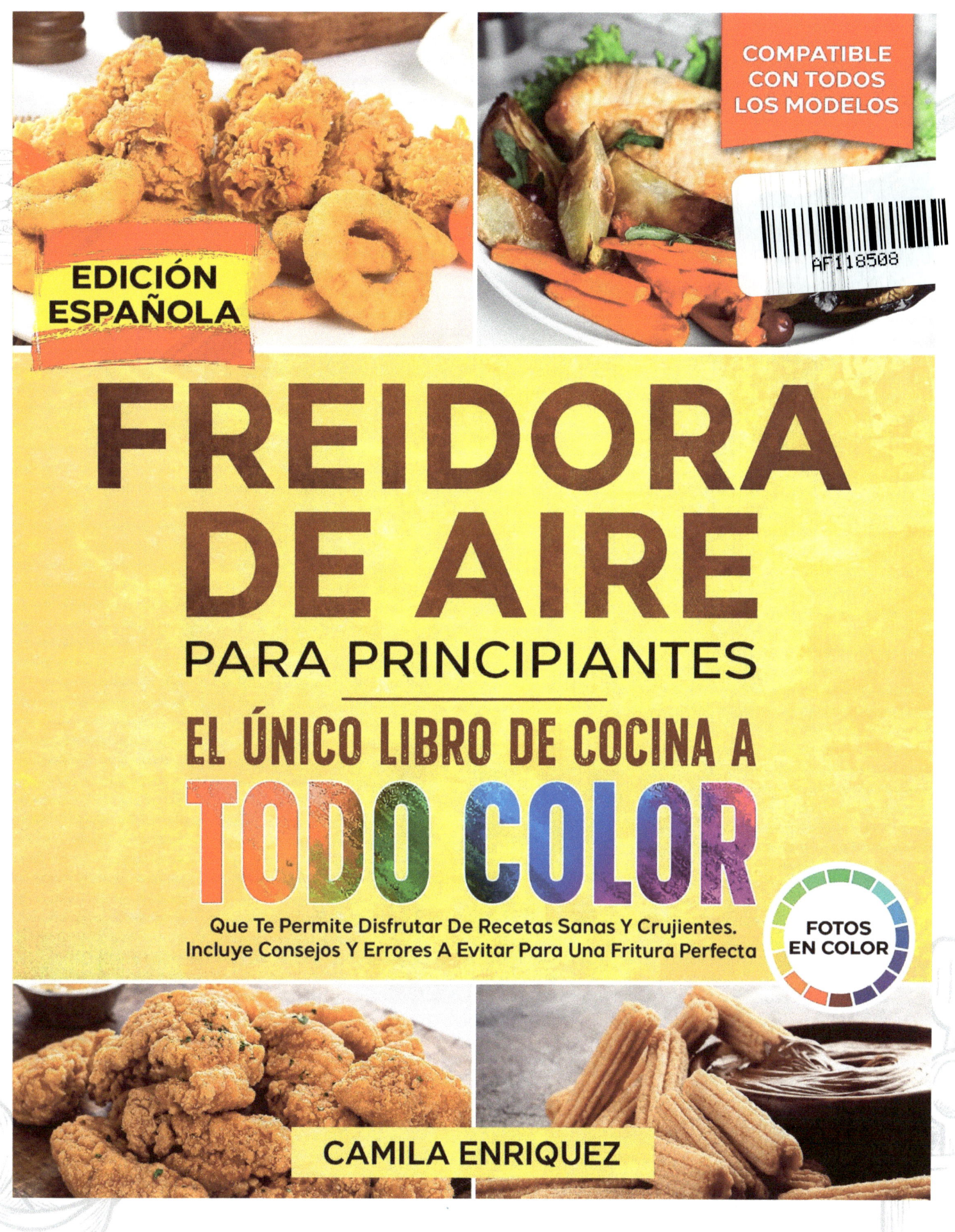

© **Copyright 2024- Todos los derechos reservados.**

Este libro está orientado a proporcionar información exacta y confiable sobre el tema. La publicación se vende con la idea de que el editor no está obligado a prestar servicios contables, permitidos oficialmente o de otra manera por servicios calificados. Si se necesita asesoramiento legal o profesional, se debe solicitar un profesional.

- De una Declaración de Principios que fue aceptada y aprobada igualmente por un Comité de la American Bar Association (Asociación Americana de Abogados) y del Committee of Publishers and Associations (Comité de Editores y Asociaciones). De ninguna manera es legal reproducir, duplicar o transmitir cualquier parte de este documento en forma electrónica o impresa. La grabación de esta publicación está estrictamente prohibida y no se permite el almacenamiento de este documento, a menos que tenga un permiso por escrito del editor. Todos los derechos reservados.

La información proporcionada en este documento se declara veraz y coherente, ya que cualquier responsabilidad, en términos de falta de atención o de otro tipo, por el uso o abuso de cualquier política, proceso o dirección contenida en este documento es responsabilidad solitaria y absoluta del lector receptor. Bajo ninguna circunstancia se tendrá responsabilidad legal o culpa alguna contra el editor por cualquier reparación, daño o pérdida monetaria debido a la información aquí contenida, ya sea directa o indirectamente.

Las marcas comerciales que se utilizan aquí no tienen ningún consentimiento y no tienen permiso ni respaldo del propietario de la misma. Todas las marcas comerciales y marcas en general de este libro son sólo para fines de aclaración y son propiedad de los propios dueños no afiliados a este documento.

ISBN 978-3-1071-1317-0

ÍNDICE DE CONTENIDOS

Cómo funciona la freidora de aire 5
Pros y contras de la freidora de aire 6
Consejos y errores a evitar 9
7 Consejos para una limpieza perfecta 10
8 Errores que no se deben cometer 11
Recetas de colores para la freidora de aire 13
Albóndigas de calabaza y ricotta 14
Panecillos salados con jamón cocido y queso 15
Flanes de huevo y bacon 16
Croquetas de patata con mortadela 17
Aros de cebolla fritos 18
Mozzarella en carrozza 19
Pinchos de patatas y salchichas 20
Tortilla de brócoli 21
Chips de pollo 22
Buñuelos de calabacín 23
Bocadillos rústicos con jamón cocido y queso mozzarella 24
Magdalenas saladas con parmesano y speck 25
Hamburguesa rellena de queso 26
Rollitos de berenjena rellenos de pizzaiola 27
Berenjenas rellenas 28
Muslos de pollo dorados al romero 29
Albóndigas de calabacín y queso ricotta (sin huevo) 30
Flores de calabacín rellenas de ricotta y jamón 31
Albóndigas rellenas de queso 32
Costillas de cerdo 33
Alitas de pollo con pimentón ahumado 34
Tiras de pollo con copos de maíz 35
Paquetitos de calabacín con un relleno suave 36
Tarta salada de calabaza con mozzarella y queso parmesano 37
Calamares fritos 38
Tentáculos de calamar gratinados 39
Brochetas de gambas gratinadas con limón 40
Brochetas de gambas y calabacín 41

- Gambas en freidora 42
- Filete de pez espada empanado al estilo mediterráneo 43
- Sepia rellena 44
- Boquerones fritos 45
- Mejillones gratinados 46
- Atún en costra de semillas de amapola 48
- Gambas fritas con sal y pimienta 49
- Dorada en freidora de aire 51
- Verduras en dados 52
- Coles de Bruselas gratinadas 53
- Berenjenas al horno 54
- Patatas en rodajas con bacon y romero 55
- Patatas con ajo, aceite y guindilla 56
- Patatas fritas 57
- Alcachofas gratinadas 58
- Patatas Hasselback 59
- Chalotes gratinados 61
- Pimientos gratinados 62
- Palitos de boniato 64
- Espárragos envueltos en jamón 65
- Pudin ligero de limón 66
- Chips de manzana 67
- Galletas de chocolate sin mantequilla 68
- Ciambellone con ricotta y chocolate 70
- Raviolis dulces con ricotta y limón 71
- Buñuelos de manzana 73
- Pastel de chocolate con un corazón suave 74
- Magdalenas con pepitas de chocolate 75
- Brownie de chocolate negro 77
- Croissants de chocolate 78
- Espirales de canela 79
- Tarta dietética de manzana con claras de huevo 80
- Conclusión 81
- Recetas por orden alfabético 82

Cómo funciona la freidora de aire

La freidora de aire es similar a un pequeño horno ventilado, con la ventaja de que puedes colocarla donde quieras sin preocuparte por el espacio, ya que ocupa muy poco.
La cocción se produce mediante la circulación de aire caliente en el interior de la cesta, lo que permite que los alimentos se cocinen uniformemente.

A diferencia de la fritura tradicional, la freidora de aire permite cocinar con muy poco aceite (o sin nada de aceite), sin sacrificar, por supuesto, el crujiente y el sabor de los alimentos fritos. Se calcula que, de media, la freidora de aire reduce el uso de grasa en la cocina hasta en un 90%, lo que es estupendo para quienes no quieren renunciar a freír sin pasarse.

Una cosa es cierta, este nuevo aparato permite reducir el aporte calórico de los alimentos en comparación con la fritura tradicional.

¿MERECE REALMENTE LA PENA COMPRARLO?

La freidora de aire está especialmente recomendada para quienes desean limitar su consumo de grasas sin renunciar al sabor. Otro punto a su favor es que no emite olores desagradables que circularán por toda la casa como la freidora de aceite, y no tendrás que preocuparte por el aceite usado para desechar. Por último, te resultará mucho más fácil y rápido de limpiar, ya que casi todos los modelos permiten lavar los componentes en el lavavajillas, lo que te facilitará el trabajo.

Pros y contras de la freidora de aire

PRO

UNA COCCIÓN MÁS RÁPIDA Y EFICAZ:

Sí, gracias a la freidora de aire, los tiempos de cocción se reducen a la mitad en comparación con los clásicos hornos estáticos y ventilados. Esto se debe a que tiene menos espacio, por lo que la temperatura se alcanza inmediatamente y el aire caliente permanece en circulación sin dispersarse.
Además, la freidora de aire también es mejor que el horno en términos de consumo de energía. No necesita mucha energía ni tiempo para calentar y cocinar los alimentos. Comprar una freidora de aire es una opción muy inteligente si quieres ahorrar un poco en la factura de la luz.

COMIDAS MÁS SANAS:

Es bien sabido que la freidora de aire no necesita grandes cantidades de aceite y grasa para cocinar los alimentos. Esto le permitirá reducir drásticamente las calorías innecesarias procedentes de la adición excesiva de aceite. De hecho, basta con utilizar atomizadores para pulverizar unas gotas de aceite de oliva virgen extra. Gracias a este método de cocción, obtendrá alimentos mucho más ligeros y sanos para usted y sus hijos.

VERSATILIDAD:

La freidora de aire puede convertirse en tu mejor aliada en la cocina. De hecho, es un aparato extremadamente versátil, que permite freír, calentar, descongelar, hornear, asar, cocinar al vapor. Puede cocinar todo tipo de alimentos en su interior, desde las clásicas patatas fritas, hasta pechuga de pollo, perritos calientes, filetes, pescado, gambas, verduras de todo tipo y de todas las formas posibles. En resumen, puedes hacer cualquier cosa con él, sólo tienes que cogerle el truco al principio, y luego podrás divertirte con él.

FÁCIL DE USAR:

Casi todos los modelos son muy fáciles de usar, sólo tienes que ajustar los grados y la hora, ¡y ya lo hace todo! Todo lo que tiene que hacer es girar la comida y sacarla cuando esté lista. Incluso puedes enseñar a tus hijos a utilizarlo para preparar almuerzos o meriendas rápidas después del colegio.

ESPACIADORA:

Otra ventaja de la freidora de aire es su tamaño. De hecho, en comparación con los hornos, estufas y freidoras convencionales, ocupa mucho menos espacio y, además, es muy ligero y cómodo de transportar cuando se necesita. Son supercompactos, lo que los hace ideales para cocinas pequeñas, rincones incómodos para cocinar o incluso para llevarlos en una autocaravana.

CONTRAS

PROBLEMAS DE CALIDAD:

La mayoría de los componentes son de plástico, lo que los hace muy baratos, pero el inconveniente es la calidad y su durabilidad. De hecho, las freidoras de aire no son aparatos robustos y duraderos, tarde o temprano también sufrirán problemas.
Apuntar a marcas conocidas y establecidas puede ayudarte a tener menos problemas, de hecho, al comprar una freidora de aire siempre es bueno evaluar la marca y su calidad, lo que te ahorras en la compra lo puedes gastar después en mantenimiento.

INADECUADO PARA FAMILIAS NUMEROSAS:

Aunque te permite reducir tiempo y consumo, el reducido espacio te penaliza a la hora de preparar para muchas personas. Se verá obligado a cocinar más o a utilizar otro aparato para acelerar la preparación. De hecho, la mayoría de las freidoras de aire permiten la preparación para 1-4 personas y no más.
Por lo tanto, la freidora de aire es ideal para familias pequeñas, solteros y parejas.

SABOR:

Si eres un verdadero amante de las freidoras, una desventaja que encontrarás es la diferencia entre las dos frituras. Para ciertos alimentos, la fritura al aire no da el mismo sabor que la fritura tradicional en aceite. Pero la mayoría de la gente está más que satisfecha con su compra. Se sorprenden al descubrir que pueden seguir preparando frituras crujientes sin preocuparse por el exceso de calorías o de alimentos poco saludables.
Dicho esto, sigue habiendo una minoría de personas que prefieren la fritura clásica a la fritura al aire, pero ¿dónde está el problema? Cada cual es libre de elegir a su gusto.

LOS ALIMENTOS SE QUEMAN CON FACILIDAD:

Si omite por completo el aceite al cocinar, puede correr el riesgo de quemar ciertos alimentos con mucha facilidad. Si bien es cierto que la freidora de aire cocina sin aceite, ¡también lo es que depende del alimento! De hecho, algunos alimentos siguen necesitando una cantidad mínima de aceite para una cocción óptima. No olvide vigilar la cocción, sobre todo si es la primera vez.

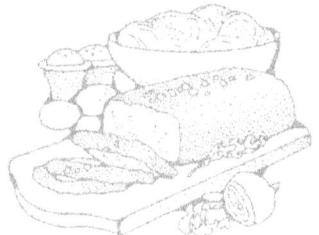
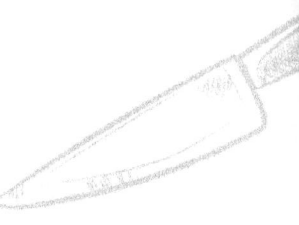

Consejos y errores a evitar

TIEMPOS DE COCCIÓN:

La cocción de los alimentos no es igual en todos los modelos de freidoras de aire, lo que significa que, sobre todo las primeras veces, tendrás que prestar atención y vigilar más de cerca la cocción, porque los tiempos pueden variar ligeramente según el modelo, dependiendo del tamaño de tu cajón y de otros factores.
Es mejor comprobar la cesta una vez más y verificar que la cocción se está realizando correctamente, que una vez menos y arriesgarse a quemar los alimentos y comprometer la receta.

ALFOMBRILLAS PARA CESTAS:

Existen en el mercado tapetes de silicona antiadherente que se colocan directamente sobre la base de la cesta, están perforados para permitir una cocción uniforme, son lavables y le permitirán limitar el uso de papel de horno, además de reducir la suciedad en la cesta durante la cocción.
Puede plantearse comprar uno que le ayude con la limpieza de la freidora de aire, ya que sólo tiene que sacarlo, lavarlo y volver a colocarlo en su sitio tantas veces como quiera.

TÉCNICA CULINARIA DEL "PINCHO":

Una técnica no tan conocida que le ahorrará espacio pero sobre todo tiempo a la hora de preparar sus recetas es la técnica del "pincho".
Te permitirá tardar mucho menos tiempo a la hora de cocinar berenjenas, patatas o todos aquellos alimentos que ocupan mucho espacio y que, por tanto, te obligan a hacer más cocciones para asarlos.
La técnica no es nada mágica; al contrario, basta con cortar en rodajas las patatas, las berenjenas y cualquier otro alimento que se desee y ensartarlas con una brocheta de madera o acero, dejando un espacio mínimo entre cada rodaja. De este modo no llenará toda la cesta con unas pocas rodajas, pero podrá acelerar la cocción de las rodajas. En este libro de cocina se menciona con frecuencia esta técnica y conocerla siempre es una ventaja.
Estoy segura de que este truco acelerará la cocción de muchos alimentos.

PERSONALIZAR LOS PLATOS:

La mayoría de las recetas de este libro de cocina son extremadamente personalizables para adaptarse a sus propios gustos. Así que si prefieres sustituir un tipo de ingrediente por otro similar que te guste más, no dudes en hacerlo.
Eso es lo bueno de cocinar, que puedes personalizar los platos según tus preferencias.

Así que te invito a probar diferentes versiones de cada receta, utilizando distintas combinaciones de sabores, hasta que encuentres la perfecta para ti.

7 Consejos para una limpieza perfecta

LOS MALOS OLORES:

Debes saber que el mejor aliado contra los malos olores que quedan en la freidora de aire es el limón. De hecho, basta con frotar medio limón en la cesta y la superficie del cajón, dejarlo actuar unos 20 minutos y aclarar. Verá que ya no tendrá problemas de malos olores.

SEQUE COMPLETAMENTE LA FREIDORA DE AIRE:

Aunque tenga prisa, debe secar bien la freidora antes de utilizarla. A largo plazo, el uso de la freidora con componentes aún húmedos podría provocar manchas de cal, moho y olores no deseados. Así que dale tiempo para que se seque bien.

APROVECHAR EL LAVAVAJILLAS:

La comodidad de la freidora de aire es que tiene piezas desmontables fáciles de lavar. Casi todos los modelos permiten el lavado en el lavavajillas, así que aprovéchalo para mayor comodidad. Lo importante es eliminar la mayor parte de la suciedad antes de colocarlo. Asegúrate siempre en las instrucciones de que tu modelo lo permite.

NO POSPONGA DEMASIADO LA LIMPIEZA:

Es muy importante limpiar la freidora después de cada uso. En cuanto termines de usarla, desenchúfala, deja que se enfríe y límpiala correctamente. No dejes que las migas, los aceites y las salsas permanezcan allí demasiado tiempo, el cajón y la cesta se convertirán en tu pesadilla para limpiar.

EVITAR LOS PRODUCTOS QUÍMICOS DEMASIADO FUERTES:

En particular, no se recomienda utilizar productos de limpieza demasiado agresivos. Se corre el riesgo de dañar las superficies de los componentes y, sobre todo, de que penetren sustancias químicas en su interior. De hecho, siempre es aconsejable preferir la clásica mezcla de agua tibia y jabón de fregar. De esta forma evitará estropear la carcasa antiadherente de la cesta y el cajón.

NO LO LIMPIE CUANDO ESTÉ DEMASIADO CALIENTE:

Debes saber que uno de los errores más comunes sobre la limpieza es precisamente hacerlo cuando la freidora está todavía muy caliente. Los componentes sometidos a un choque térmico podrían estropearse a largo plazo y afectar al estado de su freidora de aire. Puede facilitar la tarea de limpiar salsas y grasas antes de que se sequen utilizando papel o un paño.

ELIMINAR LAS MANCHAS DE CAL:

Contra las manchas de cal, una forma muy rápida y sencilla es pulverizar una solución de ácido cítrico al 15% (es decir, 150 ml en 1 litro de agua) sobre la zona afectada. Déjalo actuar unos segundos, luego pasa un paño y quedará como nuevo.

8 Errores que no se deben cometer

USO INCORRECTO DE LOS BATEADORES:

Por desgracia, la freidora de aire es completamente diferente de la tradicional, y no se puede utilizar de la misma manera. Las recetas que requieren rebozado, sobre todo si es muy blando, no son aptas para ser cocinadas con la freidora de aire, porque al ser líquido, el rebozado resbalará de su comida.

OMITIR EL PRECALENTAMIENTO:

Al igual que la freidora tradicional y el horno, la freidora de aire también requiere una fase de precalentamiento. Se trata de un proceso esencial para conseguir una cocción óptima, es decir, que el exterior quede bonito y crujiente y el interior jugoso y tierno.

NO LIMPIAR CORRECTAMENTE:

Es muy importante mantener la freidora de aire en las mejores condiciones, empezando por la limpieza. De hecho, si no se limpia correctamente después de cada uso, se corre el riesgo de arruinar el éxito de la receta. Si se dejan migas dentro de la cesta, se quemarán muy fácilmente en el aceite y desprenderán un mal olor que comprometerá el éxito de la receta, lo cual es una pena. Por ello se recomienda limpiarla adecuadamente después de cada uso, compruebe también en el libro de instrucciones si la cesta puede lavarse en el lavavajillas o no.

NO GIRE LOS ALIMENTOS DURANTE LA COCCIÓN:

Para obtener alimentos bien dorados, crujientes y cocinados uniformemente, es muy importante girar los alimentos mientras se cocinan. Esto le permitirá dar el mismo calor y tiempo de cocción a los diferentes lados de los alimentos. Siempre es una buena idea hacer esto al menos una vez a mitad del proceso de cocción, y luego ajustarse según el alimento de que se trate.

LLENANDO DEMASIADO LA CESTA:

Uno de los errores más comunes es llenar demasiado la cesta de la freidora de aire, lo que da como resultado alimentos cocidos al vapor o parcialmente cocidos.
Todos los lados de los alimentos deben recibir la misma circulación de aire para que se doren bien y se cocinen adecuadamente. Es mejor dividir el proceso de cocción en dos que amontonar los alimentos y cocinarlos una sola vez.

NO SEQUE LOS ALIMENTOS ANTES DE COCINARLOS:

Poner comida húmeda o peor aún mojada en una freidora de aire es otro error común, sólo creará mucha humedad en la circulación del aire. El resultado es una comida que no es ni crujiente ni sabrosa. Por ello, es aconsejable secar siempre los alimentos con papel de cocina absorbente antes de cocinarlos.

UTILIZAR ACEITE INNECESARIO:

Una forma de aumentar mucho las calorías de los alimentos es añadir aceite cuando no es necesario. Todos los alimentos congelados y preenvasados, como las croquetas, las patatas fritas y muchos otros, ya contienen aceite, por lo que no es necesario añadir más aceite al cocinar. Sólo en caso de que prepare patatas fritas, croquetas o chuletas frescas con su propio pan rallado se recomienda añadir un poco.

COLOCAR INCORRECTAMENTE LA FREIDORA DE AIRE:

Al ser un electrodoméstico, como todos los demás necesitan espacio a su alrededor para permitir una mejor circulación del aire y ventilación. Por lo tanto, es conveniente colocar la freidora de aire en un estante estable, bien protegido de fuentes de calor externas y con espacio suficiente.

Recetas de colores para la freidora de aire

Entrantes y Aperitivos

Albóndigas de calabaza y ricotta

TIEMPO DE PREPARACIÓN
15 Minutos

TEMPO DI COCCION
12 Minutos

PORCIONES
4 Raciones

VALORES NUTRICIONALES POR RACIÓN
225 kcal
17 g carbohidratos
10 g proteínas
14 g grasa

Ingredientes

500 g de calabaza cocida
150 g de requesón
60 g de queso Scamorza
2 cucharadas de queso parmesano rallado
3 cucharadas de pan rallado
al gusto Pan rallado para el empanado
al gusto sal fina
al gusto Hierbas aromáticas (a su gusto)
al gusto Aceite de oliva virgen extra

Procedimiento

Machaque la calabaza con un tenedor o un pasapurés y, a continuación, mézclela con la ricotta escurrida, el parmesano rallado, 3 cucharadas de pan rallado, una pizca de sal y las hierbas de su elección.

Si la mezcla está demasiado blanda, añadir más pan rallado.

Formar bolas añadiendo un trozo de queso scamorza en el centro y pasarlas por el pan rallado.

Hornear durante unos 12 minutos a 200°, dándoles la vuelta a la mitad.

¡Que aproveche!

Entrantes y Aperitivos

Panecillos salados con jamón cocido y queso

TIEMPO DE PREPARACIÓN
5 Minutos

TEMPO DI COCCION
12 Minutos

PORCIONES
6 Panecillos

VALORES NUTRICIONALES POR RACIÓN
170 kcal
18 g carbohidratos
5 g proteínas
9 g grasa

Ingredientes

1 rollo de hojaldre rectangular
1 huevo
al gusto Jamón cocido
al gusto Queso en lonchas
al gusto Semillas de sésamo

Procedimiento

Desenrollar el hojaldre y rellenarlo con jamón cocido y lonchas finas de queso, procurando cubrir toda la superficie.

Enrollar suavemente el hojaldre por el lado largo y cortarlo con un grosor de unos 3 cm.

Colóquelo horizontalmente en la cesta forrada con papel de horno.

Pincelar la superficie con el huevo batido y salado. A continuación, espolvorear la superficie de las empanadillas con semillas de sésamo.

Hornéelos durante unos 12 minutos a 180°.

Si los colocas pegados, pueden tardar más en hornearse, así que revísalos antes de servir.

¡Que aproveche!

Entrantes y Aperitivos

Flanes de huevo y bacon

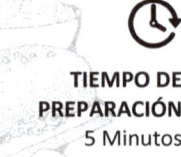

TIEMPO DE PREPARACIÓN
5 Minutos

TEMPO DI COCCION
7 Minutos

PORCIONES
2 Raciones

VALORES NUTRICIONALES POR RACIÓN
148 kcal
0 g carbohidratos
11 g proteínas
12 g grasa

Ingredientes

2 Huevos
4 lonchas de bacon
al gusto Sal fina
al gusto Pimienta negra

Nota:
Para esta receta necesitará moldes de aluminio o silicona adecuados para la freidora de aire.

Procedimiento

Precaliente la freidora de aire a 180° y, mientras tanto, coloque 2 lonchas de beicon en cada cazuelita de aluminio en forma de cruz o enrolladas por los lados.

Se cuecen unos minutos en la freidora para que no se tuesten, se les echa el huevo, se sazonan con sal y pimienta y se vuelven a meter en la freidora durante unos 7 minutos hasta que estén bien hechos.

Compruebe el tiempo de cocción de vez en cuando y, según sus preferencias, alargue o reduzca el tiempo de cocción del huevo.

¡Que aproveche!

Entrantes y Aperitivos

Croquetas de patata con mortadela

TIEMPO DE PREPARACIÓN
30 Minutos

TEMPO DI COCCION
15 Minutos

PORCIONES
4 Raciones

VALORES NUTRICIONALES POR RACIÓN
346 kcal
33 g carbohidratos
17 g proteínas
15 g grasa

Ingredientes

300 g Patatas
100 g Mortadela
100 Pan rallado
2 Huevos
75 g de queso parmesano rallado
al gusto Sal fina
al gusto Pimienta negra

Procedimiento

Cocer las patatas en agua con sal hasta que estén totalmente cocidas. Picar la mortadela con una batidora o finamente con un cuchillo. Una vez cocidas las patatas, tritúralas con un pasapurés.

En un bol, mezclar el puré de patatas caliente, 1 huevo, 25 g de queso parmesano y una pizca de sal. Mezclar hasta que todos los ingredientes estén combinados.

Tomando un poco de la masa cada vez, formar croquetas con las manos.
Déjelos reposar en el frigorífico durante 10 minutos.
Mientras tanto, añadir el pan rallado y el queso parmesano. A continuación, pasar las croquetas por huevo batido y luego por el pan rallado con parmesano.

Hornear unos 15 minutos a 200°, dándoles la vuelta a la mitad, hasta que se doren.
¡Que aproveche!

Entrantes y Aperitivos

Aros de cebolla fritos

TIEMPO DE PREPARACIÓN
10 Minutos

TEMPO DI COCCION
10 Minutos

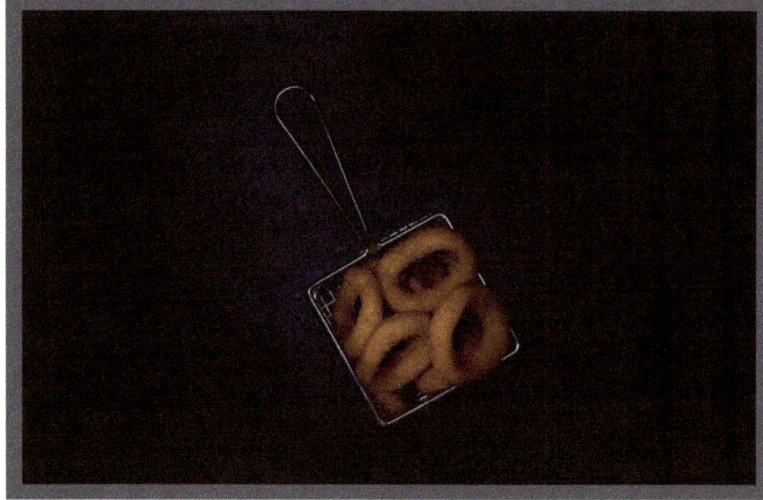

PORCIONES
3 Raciones

VALORES NUTRICIONALES POR RACIÓN
67 kcal
5 g carbohidratos
3 g proteínas
5 g grasa

Ingredientes

1 cebolla grande
4 Huevos
al gusto Migas de pan
al gusto Sal fina
al gusto Ajo en polvo
al gusto Pimienta negra
al gusto Aceite de oliva virgen extra

Procedimiento

Cortar las cebollas en rodajas de aproximadamente 1 cm de grosor, separando cada aro individual de los demás.

Batir los huevos en un bol con sal, pimienta y ajo en polvo. Pasar cada aro de cebolla primero por el huevo, luego por el pan rallado, después otra vez por el huevo y de nuevo por el pan rallado.

Repita este paso hasta completar todos los anillos. Colóquelos de pocos en pocos sin superponerlos en la cesta, engráselos con aceite en spray o con un pulverizador.

Hornear durante 10 minutos a 200°, dándoles la vuelta a la mitad. Disfrute de los aros de cebolla mientras aún están calientes y crujientes.

¡Que aproveche!

Entrantes y Aperitivos

Mozzarella en carrozza

TIEMPO DE PREPARACIÓN
10 Minutos

TEMPO DI COCCION
10 Minutos

PORCIONES
4 Raciones

VALORES NUTRICIONALES POR RACIÓN
310 kcal
19 g carbohidratos
21 g proteínas
14 g grasa

Ingredientes

300 g de mozzarella
8 rebanadas de Pancarrè
3 Huevos
al gusto Migas de pan
al gusto sal fina
al gusto aceite de oliva virgen extra

Procedimiento

Cortar la mozzarella en rodajas y dejar escurrir el exceso de leche.

Mientras tanto, bate los huevos con una pizca de sal en un bol y aplasta las lonchas de beicon con un rodillo.

A continuación, coloca 1-2 lonchas de mozzarella sobre una rebanada de pan rallado, pincela el pan con huevo y ciérralo con otra loncha de bacon, presionando bien los bordes.

Pásalo por el huevo y luego por el pan rallado, procurando sellarlo bien. A continuación, colóquelo en la cesta y rocíe unas gotas de aceite evo.

Cocer la mozzarella en carrozza durante 10 minutos a 170°, dándole la vuelta a mitad de cocción.

¡Que aproveche!

Entrantes y Aperitivos

Pinchos de patatas y salchichas

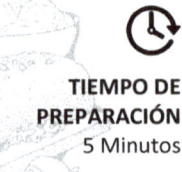
TIEMPO DE PREPARACIÓN
5 Minutos

TEMPO DI COCCION
12 Minutos

PORCIONES
2 Raciones

VALORES NUTRICIONALES POR RACIÓN
385 kcal
18 g carbohidratos
22 g proteínas
27 g grasa

Ingredientes

2 Patatas
1 paquete de salchichas
1 ramita de romero
al gusto Aceite de oliva virgen extra
al gusto Sal fina

Nota:
También necesitará unas brochetas de madera o acero

Procedimiento

Primero pela las patatas y córtalas en rodajas de medio centímetro de grosor, luego remójalas en agua durante unos 10 minutos.

Mientras tanto, cortar las salchichas en trozos de 1 cm de grosor.

A continuación, se secan las patatas con papel absorbente y se sazonan con aceite de oliva, sal fina y romero.

Prepare las brochetas ensartando alternativamente 1 rodaja de patata y 1 rodaja de salchicha, dejando medio cm de espacio entre cada rodaja.

Cocer en una freidora de aire durante unos 12 minutos a 200°.

A sus hijos les encantarán estas sabrosas brochetas.

¡Que aproveche!

Entrantes y Aperitivos

Tortilla de brócoli

TIEMPO DE PREPARACIÓN
12 Minutos

TEMPO DI COCCION
12 Minutos

PORCIONES
4 Raciones

VALORES NUTRICIONALES POR RACIÓN
112 kcal
6 g carbohidratos
9 g proteínas
6 g grasa

Ingredientes

1 brócoli
1 cucharada de pan rallado
1 cucharada de queso parmesano rallado
3 huevos
al gusto sal fina
al gusto Leche

Procedimiento

Cortar el brécol en trozos pequeños, lavarlo y escaldarlo en agua hirviendo con sal.

En cuanto esté listo, déjalo enfriar y mientras tanto mezcla en un bol los huevos, el queso parmesano, el pan rallado, una pizca de sal y un chorrito de leche para que se ablanden.

Por último, añadir el brócoli caliente y mezclar.

Verter todo en un molde con papel de horno y hornear durante 12 minutos a 190° hasta que esté dorado.

¡Que aproveche!

Entrantes y Aperitivos

Chips de pollo

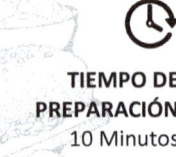

TIEMPO DE PREPARACIÓN
10 Minutos

TEMPO DI COCCION
10 Minutos

PORCIONES
3 Raciones

VALORES NUTRICIONALES POR RACIÓN
130 kcal
2 g carbohidratos
17 g proteínas
7 g grasa

Ingredientes

200 g Lonchas finas de pollo
1 cucharada de aceite de oliva virgen extra
1 huevo
al gusto Migas de pan
al gusto Sal fina

Procedimiento

Cortar el pollo en tiras de unos 5 cm utilizando unas tijeras o aplastándolas con un cortapastas.

A continuación, pasarlas poco a poco por huevo batido con una pizca de sal y luego rebozarlas en pan rallado.

Una vez realizado este paso para todas las rodajas de pollo, cocínelas a 200° durante 10 minutos en la freidora precalentada.

Sirve los chips de pollo con patatas fritas y un poco de salsa de acompañamiento.

¡Que aproveche!

Entrantes y Aperitivos

Buñuelos de calabacín

TIEMPO DE PREPARACIÓN
10 Minutos

TEMPO DI COCCION
15 Minutos

PORCIONES
3 Raciones

VALORES NUTRICIONALES POR RACIÓN
122 kcal
1 g carbohidratos
11 g proteínas
7 g grasa

Ingredientes

2 Calabacines
3 Huevos
3 cucharadas de queso parmesano rallado
al gusto Migas de pan
al gusto Sal fina
al gusto Levadura instantánea para tartas saladas

Procedimiento

Lavar los calabacines, quitarles los extremos y rallarlos con un rallador de agujeros anchos.

Exprimirlos y añadirlos a los huevos batidos, el queso parmesano, un poco de levadura instantánea y sal.

Mezclar y sazonar con pan rallado hasta que esté bien mezclado y no demasiado blando.

Forrar la cesta con papel de horno y colocar en ella las tortitas con una cuchara sin solaparlas.

Hornear durante unos 15 minutos a 200°, dándoles la vuelta a la mitad.
Los tiempos de cocción pueden variar unos minutos dependiendo de la consistencia de las tortitas y del modelo de su freidora de aire.

¡Que aproveche!

Entrantes y Aperitivos

Bocadillos rústicos con jamón cocido y queso mozzarella

TIEMPO DE PREPARACIÓN
40 Minutos

TEMPO DI COCCION
10 Minutos

PORCIONES
6 Raciones

VALORES NUTRICIONALES POR RACIÓN
332 kcal
33 g carbohidratos
15 g proteínas
15 g grasa

Ingredientes

250 g de harina 00
125 ml de leche
1 huevo (pequeño)
40 ml Agua
30 ml Aceite de semillas
15 g Azúcar
3 g de levadura de cerveza seca
150 g de jamón cocido
150 g de mozzarella
1 yema
al gusto Sal fina

Procedimiento

Verter la leche y el huevo entero en un bol, remover, añadir una pizca de sal, agua, aceite de semillas, levadura en polvo, azúcar y mezclar.

Añadir la harina tamizada poco a poco y mezclarlo todo.

Engrasar ligeramente la masa con aceite, colocarla en un bol, taparla y dejarla levar durante media hora.

Dividir la masa en 2 para que sea más fácil de trabajar y extenderla con un rodillo, rellenar la masa colocando lonchas de jamón cocido y mozzarella, cerrarla enrollándola y cortarla en rollos.

Con una brocha de cocina, pincelar la superficie con yema de huevo y hornearlas durante 10 minutos a 160°.

¡Que aproveche!

Entrantes y Aperitivos

Magdalenas saladas con parmesano y speck

TIEMPO DE PREPARACIÓN
10 Minutos

TEMPO DI COCCION
15 Minutos

PORCIONES
3 Raciones

VALORES NUTRICIONALES POR RACIÓN
329 kcal
18 g carbohidratos
19 g proteínas
21 g grasa

Ingredientes

75 g de harina 00
25 ml Leche
25 g de queso parmesano rallado
50 g de Speck
1 huevo (pequeño)
20 ml Aceite de semillas (maíz, girasol, cacahuete)
1/4 sobre de levadura salada instantánea
al gusto Sal fina

Procedimiento

Separar los ingredientes secos de los húmedos. En un bol, mezcle el queso parmesano, la levadura en polvo, la harina y la sal fina. En el otro bol verter el aceite de semillas, la leche y el huevo y mezclar con un batidor. Después de mezclar todos los ingredientes uniformemente, añádalos al bol con los ingredientes secos, incorporándolos con una espátula.

Cortar el bacon en dados muy pequeños y añadirlo a la mezcla, removiendo a continuación para distribuirlo uniformemente. Con un cucharón, vierta la mezcla en los ramequines.

Procure no llegar al borde, pero deje al menos 1 cm. Por último, ralle un poco de queso parmesano y espolvoréelo directamente sobre las magdalenas.
Colocar los ramequines en la cesta y hornear durante unos 12 minutos a 160°, luego hornear durante otros 3 minutos, subiendo la temperatura a 180°.

Compruebe la cocción introduciendo un palillo de madera en el interior, cuando al sacarlo la brocheta permanezca seca, las magdalenas estarán listas.
¡Que aproveche!

Platos Principales

Hamburguesa rellena de queso

TIEMPO DE PREPARACIÓN
10 Minutos

TEMPO DI COCCION
12 Minutos

PORCIONES
3 Raciones

VALORES NUTRICIONALES POR RACIÓN
322 kcal
0 g carbohidratos
38 g proteínas
32 g grasa

Ingredientes

500 g de carne picada mixta
6 lonchas de queso provola
al gusto Sal fina
al gusto Pimienta negra
al gusto Ajo en polvo
al gusto Pan rallado

Procedimiento

En un bol, preparar la mezcla de hamburguesa, añadir la carne picada, el ajo en polvo, la sal y la pimienta. Mezclar bien todos los ingredientes y empezar a formar las hamburguesas.

Con un cortapastas, colocar un poco de carne picada y formar una base, colocar 1 loncha de provolone y cubrir con más carne picada, presionar bien para sellar los lados.

A continuación, colocar las hamburguesas en la cesta y hornear a 180° durante 12 minutos.

El relleno debe estar super tierno y super fibroso.

A tus hijos les encantarán las hamburguesas rellenas.

¡Que aproveche!

Platos Principales

Rollitos de berenjena rellenos de pizzaiola

TIEMPO DE PREPARACIÓN
20 Minutos

TEMPO DI COCCION
45 Minutos

PORCIONES
2 Raciones

VALORES NUTRICIONALES POR RACIÓN
506 kcal
15 g carbohidratos
24 g proteínas
37 g grasa

Ingredientes

2 berenjenas largas
250 g de requesón de vaca
15 g de queso parmesano rallado
2-3 hojas Albahaca fresca
75 g de queso Scamorza (ahumado o normal)
150 ml de puré de tomate
al gusto Aceite de oliva
al gusto Sal fina

Procedimiento

Lavar las berenjenas, quitarles los extremos y cortarlas en rodajas finas. Pinche las rodajas con una brocheta, dejando algo de espacio entre cada rodaja, y cuézalas en la freidora de aire durante unos 10 minutos a 180°. Ahora prepare el relleno: ponga en un bol la ricotta escurrida, la mitad de la scamorza cortada en dados, el parmesano rallado, sal fina y la albahaca picada con un cuchillo. Remover el relleno para que la ricotta quede cremosa y se mezclen bien todos los ingredientes. Ahora prepare los roulades: coloque 4 rodajas de berenjena, entrecruzándolas de dos en dos.

Añadir el relleno y cerrar el matambre. Continúe hasta terminar con todos los ingredientes. Verter el puré de tomate en un bol, sazonar ligeramente con aceite de oliva, unas hojas de albahaca y sal fina. Añade unas cucharadas de salsa de tomate en el fondo de una fuente de horno, asegúrate de que la fuente tiene el tamaño adecuado para tu freidora, luego coloca encima los roulades y cúbrelos con más salsa, queso parmesano rallado y queso scamorza cortado en dados.

Encienda la freidora y cocine los matambres durante 10 minutos a 200°. Transcurrido este tiempo, compruebe que los matambres estén secos y gratinados; de lo contrario, continúe durante otros 5-10 minutos.
¡Que aproveche!

Platos Principales

Berenjenas rellenas

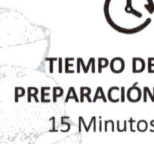

TIEMPO DE PREPARACIÓN
15 Minutos

TEMPO DI COCCION
15 Minutos

PORCIONES
2 Raciones

VALORES NUTRICIONALES POR RACIÓN
322 kcal
8 g carbohidratos
16 g proteínas
24 g grasa

Ingredientes

2 berenjenas
1 Mozzarella
2 cucharadas de queso parmesano rallado
10 aceitunas negras sin hueso
1 cucharada de aceite de oliva virgen extra
al gusto Sal fina
al gusto Puré de tomate
al gusto Cebolla

Procedimiento

Lavar las berenjenas, quitarles los tallos y cortarlas por la mitad a lo largo. Sacar el relleno con un cuchillo. Escaldar el "capuchón" de las berenjenas durante 10 minutos en agua hirviendo con sal.

Mientras tanto, cocina el relleno de berenjena picado en una sartén con un poco de cebolla picada, 1 cucharada de aceite evo y una pizca de sal. Déle un tiempo de cocción rápido de unos 5-10 minutos. A continuación, añadir las berenjenas a la mozzarella picada y las aceitunas y mezclar.

Rellenar las "capuchas" de berenjena con el relleno y cubrirlas con una cucharada de tomate y otra de queso parmesano.

Colóquelas en una fuente de horno y hornéelas durante 15 minutos a 170°. Para una versión más sabrosa pero menos sana, se pueden freír tanto los pimientos como el relleno en aceite hirviendo y proceder según la receta.

¡Que aproveche!

Platos Principales

Muslos de pollo dorados al romero

TIEMPO DE PREPARACIÓN
5 Minutos

TEMPO DI COCCION
12 Minutos

PORCIONES
3 Raciones

VALORES NUTRICIONALES POR RACIÓN
200 kcal
0 g carbohidratos
23 g proteínas
8 g grasa

Ingredientes

6 muslos de pollo
1 ramita de romero
2 cucharaditas de aceite de oliva virgen extra
al gusto Sal fina
al gusto Especias
al gusto Hierbas aromáticas

Procedimiento

Coloque los muslos en una sartén y sazónelos con 2 cucharaditas de aceite evo, sal y romero.
Para hacerlos aún más sabrosos, puedes añadir algunas especias y hierbas más según tu gusto.

Masajea los muslos con las manos y deja que se sazonen bien con todos los ingredientes.
Si no desea utilizar papel de horno, puede poner medio vaso de agua en el fondo de la freidora de aire.

Esto evitará que la grasa se vaya al fondo y desprenda humo y olores.

Ahora coloca los muslos de pollo en la cesta.
Encienda la freidora de aire y cocínelos a 200°, dándoles la vuelta después de unos 5 minutos.
A continuación, continuar la cocción durante otros 6-7 minutos.

¡Que aproveche!

Platos Principales

Albóndigas de calabacín y queso ricotta (sin huevo)

TIEMPO DE PREPARACIÓN
15 Minutos

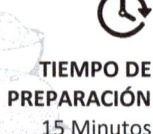
TEMPO DI COCCION
15 Minutos

PORCIONES
20 Albóndigas

VALORES NUTRICIONALES POR ALBÓNDIGA
80 kcal
2 g carbohidratos
2 g proteínas
3 g grasa

Ingredientes

360 g Calabacines
300 g de Ricotta
100 g de pan rallado duro
5 cucharadas de queso parmesano rallado
al gusto Pimienta negra
al gusto Sal fina
al gusto Migas de pan

Procedimiento

Lavar los calabacines bajo el grifo y quitarles las puntas con un cuchillo. Cortarlos en trozos gruesos y picarlos con una batidora. Colocar los calabacines en un bol grande y añadir el requesón bien escurrido. Mezclar los dos ingredientes con una cuchara. A continuación, desmenuzar finamente el pan rallado y añadirlo al bol. Añadir el queso parmesano rallado, sal y pimienta. Mezclar todos los ingredientes hasta obtener una mezcla lisa y homogénea, si queda demasiado blanda, añadir más pan rallado o pan rallado.

Dividir la mezcla en 20 porciones y amasarlas en bolas con las manos. Pásalas por pan rallado y colócalas sobre papel de horno. Engrasa la cesta con aceite de oliva y coloca las albóndigas en ella.

Rociar las albóndigas con el aceite en spray. Encienda la freidora y cocínelos durante 8 minutos a 200°, luego retire el papel de hornear y déles la vuelta. Continuar la cocción durante otros 4-5 minutos hasta que esté completamente dorado.

¡Que aproveche!

Platos Principales

Flores de calabacín rellenas de ricotta y jamón

TIEMPO DE PREPARACIÓN
15 Minutos

TEMPO DI COCCION
10 Minutos

PORCIONES
4 Raciones

VALORES NUTRICIONALES POR RACIÓN
476 kcal
5 g carbohidratos
35 g proteínas
36 g grasa

Ingredientes

24 Flores de calabaza
500 g de ricotta (de vaca o sin lactosa)
60 g de queso parmesano rallado
80 g de jamón cocido
160 g de queso (emmental, fontina, asiago, scamorza)
2 huevos
al gusto Sal fina
al gusto Pimienta negra
al gusto Perejil

Procedimiento

Limpiar las flores de calabaza, quitar las excrecencias de la base con un cuchillo pequeño, suavemente sin romperlas. A continuación, abra la flor y extraiga el pistilo interior, desprendiéndolo también por la base con un cuchillo pequeño. Después de limpiarlos completamente, lávelos a fondo bajo el grifo de agua fría, con un chorro no demasiado fuerte, ya que podrían romperse.

Colóquelos sobre un paño limpio y déjelos secar al aire o séquelos suavemente con papel de cocina. Ahora prepare el relleno: ponga la ricotta escurrida en un bol. Añadir el queso parmesano (dejando unos puñados para más tarde), el perejil, los huevos, sal fina y pimienta. Remover bien con la ayuda de una cuchara para mezclar todos los ingredientes. Cortar el queso en dados, picar el jamón cocido y añadirlo al bol.

Ahora rellena suavemente las flores de calabacín con la ayuda de una cucharilla, con cuidado de no romperlas.

Extiende papel de horno en una bandeja de horno y coloca las flores de calabacín rellenas una al lado de la otra. Espolvorear con el resto del queso parmesano rallado y rociar con unas gotas de aceite de oliva. Colocar la fuente en la cesta y hornear durante 7-8 minutos a 200°, o hasta que la superficie esté completamente gratinada.

¡Que aproveche!

Platos Principales

Albóndigas rellenas de queso

TIEMPO DE PREPARACIÓN
15 Minutos

TEMPO DI COCCION
20 Minutos

PORCIONES
4 Raciones

VALORES NUTRICIONALES POR RACIÓN
224 kcal
18 g carbohidratos
17 g proteínas
12 g grasa

Ingredientes

250 g de carne picada (ternera, cerdo o mixta)
1 huevo
15 g de queso parmesano rallado
100 g de pan rallado
1 ramita de perejil
al gusto Queso (cortado en trozos)
al gusto sal fina

Procedimiento

Ponga la carne picada, el huevo, el queso parmesano, el pan rallado, el perejil picado y la sal en un cuenco y empiece a mezclar hasta que todos los ingredientes estén combinados.

A continuación, coge un poco de la masa cada vez y rellénala con el queso rallado, ciérrala bien para que el queso no se salga durante la cocción.

Debe obtener albóndigas aplastadas, no demasiado grandes y todas del mismo tamaño.

Engrase ligeramente la cesta y coloque en ella las albóndigas.

Hornear unos 10 minutos a 180°, dándoles la vuelta a mitad de cocción.

¡Que aproveche!

Platos Principales

Costillas de cerdo

TIEMPO DE PREPARACIÓN
5 Minutos

TIEMPO DE MARINADO
3 horas (opcional)

TEMPO DI COCCION
25 Minutos

PORCIONES
2 Raciones

VALORES NUTRICIONALES POR RACIÓN
547 kcal
4 g carbohidratos
27 g proteínas
46 g grasa

Ingredientes

350 g de costillas de cerdo
1 cucharada de aceite de oliva virgen extra
Zumo y ralladura de 1/2 limón
1 cucharadita de mostaza
1 cucharadita de miel
1 diente de ajo
1 ramita de romero
al gusto Sal fina

Procedimiento

Prepare el adobo combinando todos los ingredientes y añádalo a las costillas, masajeándolas con las manos para distribuir todos los ingredientes de forma óptima.
Si puedes, déjalos marinar en el frigorífico durante unas 3 horas (cuanto más tiempo esté, más sabroso será), si no, vete cocinando.

Colocar las costillas en la rejilla y cocinarlas durante unos 25 minutos a 200°, dándoles la vuelta a mitad de cocción.
El resultado son unas deliciosas costillas crujientes y caramelizadas por fuera y jugosas por dentro, con un sabor inigualable.

¡Que aproveche!

Platos Principales

Alitas de pollo con pimentón ahumado

TIEMPO DE PREPARACIÓN
5 Minutos

TIEMPO DE MARINADO
30 Minutos (opcional)

TEMPO DI COCCION
20 Minutos

PORCIONES
2 Raciones

VALORES NUTRICIONALES POR RACIÓN
226 kcal
2 g carbohidratos
26 g proteínas
16 g grasa

Ingredientes

300 g de alitas de pollo
2 cucharaditas de aceite de oliva virgen extra
al gusto Ajo en polvo (o 2 dientes)
al gusto Pimentón ahumado (dulce o picante)
al gusto sal fina

Procedimiento

En un bol, sazona las alitas de pollo con 2 cucharaditas de aceite de oliva, sal, ajo en polvo y pimentón ahumado; no tengas miedo de sazonarlas demasiado, ya que estarán aún más sabrosas.

Sazónalos con las manos para mezclar bien todos los ingredientes.
Si tienes tiempo, déjalos reposar en el frigorífico durante al menos 30 minutos; si no, hornéalos.

Poner a 200° y hornear durante 20 minutos, dándoles la vuelta de vez en cuando.
Disfrute de unas deliciosas y crujientes alitas de pollo, quizás acompañadas de unas patatas fritas.

¡Que aproveche!

Platos Principales

Tiras de pollo con copos de maíz

TIEMPO DE PREPARACIÓN
10 Minutos

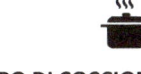
TEMPO DI COCCION
12 Minutos

PORCIONES
3 Raciones

VALORES NUTRICIONALES POR RACIÓN
322 kcal
0 g carbohidratos
38 g proteínas
32 g grasa

Ingredientes

300 g de pechuga de pollo
2 Huevos
50 g Copos de maíz
al gusto Aceite de oliva virgen extra
al gusto Sal fina

Procedimiento

Cortar el pollo en tiras de unos 5 cm y pasarlas por el huevo batido y ligeramente salado.

A continuación, cúbralo con copos de maíz, procurando cubrirlos por completo.
Engrasar ligeramente la freidora y colocar encima las tiras sin solaparlas demasiado.

Espolvorear unas gotas de aceite en spray sobre las tiras y cocinar durante unos 12 minutos a 200°.
Los tiempos pueden variar según el grosor del pollo y el modelo de la freidora de aire, así que vigile el tiempo de cocción.

¡Que aproveche!

Platos Principales

Paquetitos de calabacín con un relleno suave

TIEMPO DE PREPARACIÓN
20 Minutos

TEMPO DI COCCION
20 Minutos

PORCIONES
3 Raciones

VALORES NUTRICIONALES POR RACIÓN
409 kcal
10 g carbohidratos
21 g proteínas
31 g grasa

Ingredientes

3 Calabacines largos
75 g de mozzarella (+75 para la cobertura)
2 cucharadas de queso parmesano (+ para la cobertura)
300 g de ricotta de vaca
3-4 hojas de albahaca
250 ml de puré de tomate
1 cucharada de aceite de oliva virgen extra
al gusto Sal fina
al gusto Pimienta negra

Procedimiento

Lave los calabacines, quíteles los extremos y córtelos en rodajas finas a lo largo, utilizando una mandolina si puede. Procure obtener lonchas finas, ya que deben doblarse sin asarlas ni freírlas.

Séquelas con papel de cocina para eliminar el agua de vegetación. Poner el requesón en un bol y amasarlo hasta que quede cremoso y sin grumos. Corte la mozzarella en dados y añádala a la ricotta, junto con el queso parmesano, la sal, una pizca de pimienta y la albahaca. Mezclar suavemente todos los ingredientes para que se integren.

Ahora prepara las albóndigas: sobre una superficie de trabajo, teje 4 rodajas de calabacín, 2 en horizontal y 2 en vertical, formando una cruz. Colocar un par de cucharadas de relleno en el centro y cerrar el paquete. Gracias al requesón, permanecerá cerrado.
Aliñar el puré de tomate con aceite de evo, sal y unas hojas de albahaca fresca. Coloque unas cucharadas de salsa de tomate en el fondo de una fuente de horno de un tamaño adecuado para su freidora de aire. Coloca los manojos de calabacín uno al lado del otro y cúbrelos con tomate, queso parmesano y mozzarella en dados.

Utilice una fuente de horno que quepa perfectamente en la cesta de su freidora de aire. Encienda la freidora y cocine durante 10 minutos a 200° hasta que esté completamente gratinado.

¡Que aproveche!

Platos Principales

Tarta salada de calabaza con mozzarella y queso parmesano

TIEMPO DE PREPARACIÓN
10 Minutos

TEMPO DI COCCION
10-15 Minutos

PORCIONES
4 Raciones

VALORES NUTRICIONALES POR RACIÓN
300 kcal
6 g carbohidratos
20 g proteínas
22 g grasa

Ingredientes

600 g de calabaza
60 g de queso parmesano rallado
300 g de mozzarella
3 cucharaditas Aceite de oliva virgen extra
al gusto Sal fina
al gusto Hierbas

Procedimiento

Pelar la calabaza y cortarla en rodajas de un par de milímetros. Coloque las rebanadas directamente en la cesta de la freidora de aire, sin papel de horno ni moldes. Rocíe las rodajas de calabaza con un chorro de aceite con el pulverizador o pincélelas con un pincel de cocina. Encienda la freidora de aire y cocínelos durante 4 minutos a 200°. Darles la vuelta y continuar la cocción durante otros 4 minutos hasta que estén blandas. Una vez cocidas, colóquelas en capas en un recipiente y sazónelas con sal y hierbas.

Puede utilizar un molde perforado sin papel de horno para que el aire circule y se cocine uniformemente. También se puede montar la calabaza directamente en la cesta, teniendo cuidado de engrasarla ligeramente. Colocar una primera capa de calabaza en el fondo del molde y, a continuación, añadir queso parmesano rallado.

Corta y trocea la mozzarella y añádela a la mezcla, después puedes añadir otra capa de calabaza. Por último, espolvorear la superficie con queso parmesano. Continuar así hasta terminar los ingredientes. Coloque el molde directamente sobre la cesta y haga funcionar la freidora de aire durante sólo 5 minutos a 200°.

¡Que aproveche!

Platos Principales de pescado

Calamares fritos

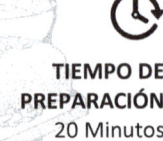

TIEMPO DE PREPARACIÓN
20 Minutos

TEMPO DI COCCION
10 Minutos

PORCIONES
3 Raciones

VALORES NUTRICIONALES POR RACIÓN
208 kcal
9 g carbohidratos
30 g proteínas
6 g grasa

Ingredientes

450 g de calamares frescos
3 cucharaditas de aceite de oliva virgen extra
al gusto 0 harina (o sémola)
al gusto Sal fina

Procedimiento

Primero se limpian los calamares bajo el grifo. Separe la cabeza del cuerpo y limpie el calamar por dentro, sacando las tripas y enjuagándolo bien.

Con la ayuda de un escurridor, corte suavemente la cáscara exterior para poder retirar la piel del calamar sin dificultad. Quitar el diente presionando ligeramente sobre la cabeza y quitar también la piel exterior. Enjuague siempre los calamares antes de utilizarlos.

A continuación, córtelos en aros de 1 cm aproximadamente. A continuación, vierte la harina en un bol y empieza a enharinarlas poco a poco. Una vez enharinadas todas las anillas de calamar, pasarlas por un colador para eliminar el exceso de harina.

Engrasar la cesta con un poco de aceite evo y colocar en ella los calamares sin superponerlos: en su lugar, cocinarlos en varias vueltas.

Rociar los calamares con unas gotas de aceite en spray. Encienda la freidora y cocine durante unos 7-8 minutos a 200°.

¡Que aproveche!

Platos Principales de pescado

Tentáculos de calamar gratinados

TIEMPO DE PREPARACIÓN
5 Minutos

TEMPO DI COCCION
12 Minutos

PORCIONES
4 Raciones

VALORES NUTRICIONALES POR RACIÓN
185 kcal
13 g carbohidratos
31 g proteínas
1 g grasa

Ingredientes

600 g de tentáculos de calamar
2 dientes de ajo
al gusto Sal fina
al gusto Migas de pan
al gusto aceite de oliva virgen extra
al gusto Perejil

Procedimiento

Lavar y limpiar los tentáculos de los calamares bajo el grifo, dejarlos escurrir y mientras tanto preparar el pan rallado.

Añadir el pan rallado, la sal, el ajo y el perejil picado.

Por último, seca los calamares con papel absorbente y pásalos de uno en uno por el pan rallado.

Colóquelas en la cesta de la freidora de aire y rocíelas con aceite de oliva. Cocerlas durante unos 12 minutos a 180°, dándoles la vuelta suavemente a mitad de cocción.

Si prefiere un gratinado más crujiente, prolongue el tiempo de cocción unos minutos más.

¡Que aproveche!

Platos Principales de pescado

Brochetas de gambas gratinadas con limón

TIEMPO DE PREPARACIÓN
10 Minutos

TEMPO DI COCCION
5 Minutos

PORCIONES
2 Raciones

VALORES NUTRICIONALES POR RACIÓN
83 kcal
2 g carbohidratos
14 g proteínas
3 g grasa

Ingredientes

400 g de gambas
1 diente de ajo
Corteza de 1 limón
al gusto Zumo de limón
al gusto Migas de pan
al gusto Sal fina
al gusto Pimienta negra
al gusto Perejil

Nota:
Necesitará pinchos de madera o acero.

Procedimiento

Limpiar las gambas retirando el intestino negro y el caparazón exterior. A continuación, ensártalas con brochetas de madera o de acero, según las que tengas.

En un bol, preparar el pan rallado:
Añadir el pan rallado, el ajo y el perejil picados, una pizca de sal, pimienta negra, la ralladura y el zumo de limón y, por último, el aceite de evo.

Mezclar hasta que todos los ingredientes estén combinados.

Pasar las brochetas por el pan rallado, procurando empanarlas lo más posible.

A continuación, hornéelas a 180° durante unos 5 minutos o hasta que estén completamente gratinadas.

¡Que aproveche!

Platos Principales de pescado

Brochetas de gambas y calabacín

TIEMPO DE PREPARACIÓN
10 Minutos

TEMPO DI COCCION
10 Minutos

PORCIONES
2 Raciones

VALORES NUTRICIONALES POR RACIÓN
105 kcal
8 g carbohidratos
8 g proteínas
4 g grasa

Ingredientes

300 g de gambas
1 calabacín grande
2 Huevos
al gusto Aceite de oliva virgen extra
al gusto Migas de pan
al gusto Zumo de limón
al gusto Sal fina
al gusto Pimienta negra

Procedimiento

Limpiar las gambas del caparazón exterior y quitarles los intestinos, y marinarlas en aceite de oliva, zumo de limón, pimienta y una pizca de sal.

A continuación, lavar el calabacín y quitarle las puntas. Hacer rodajas muy finas con una mandolina (las rodajas deben enrollarse sin romperse).

El siguiente paso es enrollar cada gamba con una rodaja de calabacín y ensartarlas en una brocheta.

Pasar las brochetas por huevo batido, luego por pan rallado y hornear durante unos 10 minutos a 200°, asegurándose de que las gambas estén cocidas antes de servir.

¡Que aproveche!

Platos Principales de pescado

Gambas en freidora

TIEMPO DE PREPARACIÓN
10 Minutos

TEMPO DI COCCION
12 Minutos

PORCIONES
3 Raciones

VALORES NUTRICIONALES POR RACIÓN
109 kcal
0 g carbohidratos
22 g proteínas
2 g grasa

Ingredientes

300 g de gambas
1/2 vaso de vino blanco
al gusto Aceite de oliva virgen extra
1 diente de ajo
al gusto Sal fina
al gusto Perejil

Procedimiento

Enjuague los langostinos y retire el intestino negro, simplemente haga un corte en la parte posterior de los langostinos, levántelo ligeramente y sáquelo con un palillo.

A continuación, coloque las gambas en una sartén/molde adecuado al tamaño de su freidora de aire y sazónelas con aceite de oliva, medio vaso de vino blanco, ajo picado, una pizca de sal y perejil fresco picado.

Cocerlas durante unos 12 minutos a 180°, removiendo a mitad de cocción.

Comprobar que están cocidos antes de servir.
Si es necesario, prolongue el tiempo de cocción unos minutos.

¡Que aproveche!

Platos Principales de pescado

Filete de pez espada empanado al estilo mediterráneo

TIEMPO DE PREPARACIÓN
5 Minutos

TEMPO DI COCCION
15 Minutos

PORCIONES
3 Raciones

VALORES NUTRICIONALES POR RACIÓN
254 kcal
3 g carbohidratos
27 g proteínas
13 g grasa

Ingredientes

3 rodajas de pez espada
3 cucharaditas de aceitunas sin hueso
3 cucharaditas de piñones
1 diente de ajo
al gusto Alcaparras
al gusto Menta fresca
al gusto Ralladura de limón
al gusto Albahaca fresca
al gusto Sal fina
al gusto Aceite de oliva virgen extra

Procedimiento

Primero pica todos los ingredientes excepto el pez espada en un robot de cocina para hacer un pan rallado super sabroso.

A continuación, retira la piel del pez espada y rebózalo en el pan rallado, teniendo cuidado de presionarlo con el mai para que se adhiera perfectamente.

A continuación, coloque las rodajas de pez espada en la freidora de aire precalentada y cocínelas durante unos 15 minutos a 180°, dándoles la vuelta a mitad de la cocción.

Compruebe el tiempo de cocción, ya que puede variar ligeramente en función de la freidora de aire y del grosor del pez espada.
Disfrute de estos sabrosos filetes de pez espada al estilo mediterráneo.

¡Que aproveche!

Platos Principales de pescado

Sepia rellena

TIEMPO DE PREPARACIÓN
10 Minutos

TEMPO DI COCCION
20 Minutos

PORCIONES
2 Raciones

VALORES NUTRICIONALES POR RACIÓN
415 kcal
31 g carbohidratos
21 g proteínas
22 g grasa

Ingredientes

4 sepias medianas
8 cucharadas de queso parmesano rallado
8 cucharadas de pan rallado
1 diente de ajo
2 cucharadas de aceite de oliva virgen extra
q.b. Pimienta negra
al gusto Aceite de oliva
al gusto Perejil

Procedimiento

Lavar y limpiar la sepia bajo el grifo, retirar la cabeza y los tentáculos y reservar el cuerpo central.

Quitar la boca y picar los tentáculos.

Hacer una mezcla de pan rallado, queso parmesano, perejil y ajo picados, pimienta y los tentáculos troceados.

Rellena las sepias con el relleno y ciérralas con ayuda de palillos de madera.

Hornear los primeros 15 minutos a 200°, luego otros 5 minutos bajando a 170°.

Los tiempos pueden variar ligeramente dependiendo del modelo de su freidora de aire.

¡Que aproveche!

Platos Principales de pescado

Boquerones fritos

TIEMPO DE PREPARACIÓN
20 Minutos

TEMPO DI COCCION
7 Minutos

PORCIONES
4 Raciones

VALORES NUTRICIONALES POR RACIÓN
182 kcal
5 g carbohidratos
22 g proteínas
8 g grasa

Ingredientes

500 g de anchoas frescas
4 cucharaditas de aceite de oliva virgen extra
q.b. 00 harina
al gusto Sal fina

Procedimiento

Limpia las anchoas quitándoles las vísceras y la cabeza, también puedes
deje los huesos dentro para este método de cocción. Enjuáguelos
bajo un chorro de agua fría y ponerlas en un colador para escurrir las
un escurridor para que pierdan el exceso de agua.

Rebozar las anchoas en harina poco a poco para que queden bien enharinadas. Una vez rebozadas en harina, pasarlas por un colador para eliminar el exceso de harina. Continúe hasta que todos estén cubiertos de harina.
Luego, poco a poco, colocar las anchoas directamente sobre la cesta ligeramente engrasada, teniendo cuidado de espaciarlas unas de otras y rociarlas con unas gotas de aceite de evo.

Encienda la freidora de aire y cocine durante 6-7 minutos a 200. Pasados unos minutos, rocíelos con unas gotas más de aceite para que queden perfectamente dorados.
En cuanto estén listos, sálalos y sírvelos con unos gajos de limón.

¡Que aproveche!

Platos Principales de pescado

Mejillones gratinados

TIEMPO DE PREPARACIÓN
20 Minutos

TEMPO DI COCCION
8 Minutos

PORCIONES
3 Raciones

VALORES NUTRICIONALES POR RACIÓN
180 kcal
13 g carbohidratos
17 g proteínas
4 g grasa

Ingredientes

300 g Mejillones
50 g de pan rallado
1 ramita de perejil
1 diente de ajo
al gusto Aceite de oliva virgen extra

Procedimiento

En primer lugar, limpie los mejillones tanto por fuera como sacando la "cuerda" interior.

A continuación, abre los mejillones con un cuchillo pequeño, con cuidado de no cortarte.

Una vez que estén todos abiertos, colóquelos boca arriba en una bandeja de horno o directamente en la cesta.

Ahora prepara el pan rallado, añade el pan rallado, el perejil y el ajo picado.
Mezclar bien y luego cubrir los mejillones con el pan rallado.

Por último, pulveriza unas gotas de aceite evo con un pulverizador o spray de aceite.
Cocerlos a 200° durante unos 8 minutos.

¡Que aproveche!

Platos Principales de pescado

Atún en costra de semillas de amapola

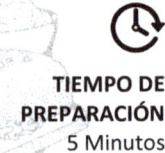

TIEMPO DE PREPARACIÓN
5 Minutos

TEMPO DI COCCION
10 Minutos

PORCIONES
2 Raciones

VALORES NUTRICIONALES POR RACIÓN
302 kcal
0 g carbohidratos
58 g proteínas
7 g grasa

Ingredientes

2 filetes de atún (unos 200 g por filete)
2 cucharaditas de aceite de oliva virgen extra
al gusto Sal fina
al gusto Semillas de amapola

Procedimiento

Saca los filetes de atún del frigorífico y déjalos templar unos 10 minutos.
Mientras tanto, ponga suficientes semillas de amapola en un bol para cubrir todos los lados del atún. Unte bien todos los lados del atún con aceite de oliva y reboce el atún en las semillas de amapola hasta que quede completamente cubierto.

Por último, colóquelo en la cesta de la freidora de aire, sin papel de horno para que el aire circule de forma óptima.
Encienda la freidora de aire y cocine durante 4 minutos a 180°, luego gírela suavemente sin romperla.
Continuar la cocción durante otros 4 minutos. Si lo prefiere más crujiente en la superficie, puede subir la temperatura a 200° durante los últimos minutos.

Una vez cocido, sazonar con sal y un poco de aceite de evo crudo y servir con una rodaja de limón.

¡Que aproveche!

Platos Principales de pescado

Gambas fritas con sal y pimienta

TIEMPO DE PREPARACIÓN
5 Minutos

TEMPO DI COCCION
5 Minutos

PORCIONES
2 Raciones

VALORES NUTRICIONALES POR RACIÓN
60 kcal
4 g carbohidratos
8 g proteínas
2 g grasa

Ingredientes

200 g de gambas (ya limpias)
15 g de harina
al gusto sal fina
al gusto Pimienta negra

Procedimiento

Descongelar y enjuagar las gambas y secarlas con papel absorbente.

Pasar unos cuantos por harina y tamizarlos para eliminar el exceso de harina. Continuar hasta que todas las gambas estén rebozadas en harina.

A continuación, colóquelos en la cesta de una freidora de aire precalentada y cocínelos durante unos 5 minutos a 200°, dándoles la vuelta suavemente a mitad de la cocción. Una vez listos, salpimiéntelos generosamente y sírvalos aún calientes y crujientes.

Si lo prefieres, puedes acompañarlos con una rodaja de limón para exprimir.

¡Que aproveche!

También puedes utilizar las gambas enteras para limpiarlas, ¡como prefieras!

Platos Principales de pescado

Dorada en freidora de aire

TIEMPO DE PREPARACIÓN
5 Minutos

TEMPO DI COCCION
15 Minutos

PORCIONES
1 Raciones

VALORES NUTRICIONALES POR RACIÓN
403 kcal
0 g carbohidratos
37 g proteínas
5 g grasa

Ingredientes

1 Dorada
2 rodajas de limón
1 manojo de perejil
1 diente de ajo
al gusto Sal fina
al gusto Pimienta negra
al gusto aceite de oliva virgen extra

Procedimiento

Limpie primero las vísceras y las escamas de la dorada y, a continuación, enjuáguelas de nuevo bajo el agua.

Rellenar la dorada con 2 rodajas de limón, una ramita de perejil y un diente de ajo.

A continuación, sazonar con un poco de aceite de oliva, una pizca de sal y una ralladura de pimienta.

Coloque la dorada en la cesta y cuézala durante 10 minutos a 200°, después dele la vuelta y cuézala otros 5 minutos.

Cocinándolo de esta manera obtendrá una dorada súper sabrosa y magra sin utilizar demasiada grasa.

¡Que aproveche!

Guarnición de Verduras

Verduras en dados

TIEMPO DE PREPARACIÓN
10 Minutos

TEMPO DI COCCION
12 Minutos

PORCIONES
3 Raciones

VALORES NUTRICIONALES POR RACIÓN
113 kcal
13 g carbohidratos
4 g proteínas
4 g grasa

Ingredientes

2 berenjenas largas
2 Pimientos (rojo, amarillo, verde)
2 calabacines largos
2 cucharaditas de aceite de oliva virgen extra
al gusto sal fina
al gusto Hierbas

Procedimiento

Lava todas las verduras bajo el grifo y sécalas con un paño limpio. Quitar los extremos de los calabacines y las berenjenas. Córtalos en dados pequeños.

Retirar el pedúnculo central y las semillas de los pimientos y cortarlos en trozos del mismo tamaño que las berenjenas y los calabacines.

Coloca todas las verduras en un bol y condiméntalas con sal, aceite de oliva y algunas hierbas picadas a tu gusto.
Mezclar bien para que todas las verduras se sazonen uniformemente. Engrase ligeramente la cesta de la freidora y coloque en ella las verduras cortadas en dados.

Encender y cocer durante unos 10-12 minutos a 200°, dándoles la vuelta de vez en cuando.
¡Que aproveche!

Guarnición de Verduras

Coles de Bruselas gratinadas

TIEMPO DE PREPARACIÓN
5 Minutos

TEMPO DI COCCION
8 Minutos

PORCIONES
2 Raciones

VALORES NUTRICIONALES POR RACIÓN
113 kcal
13 g carbohidratos
4 g proteínas
4 g grasa

Ingredientes

200 g de coles de Bruselas
al gusto Migas de pan
al gusto aceite de oliva virgen extra
al gusto Sal fina
al gusto Ajo en polvo

Procedimiento

Lavar bien las coles de Bruselas, cortarlas en 4 y dejarlas secar sobre papel absorbente.

Mientras tanto preparar el pan rallado, combinar el pan rallado, la sal y el ajo en polvo.

Se rebozan poco a poco en pan rallado y se introducen en la freidora de aire.

Untarlas en la superficie con unas gotas de aceite de oliva y cocinarlas durante unos 8 minutos a 200°, dándoles la vuelta suavemente a mitad de cocción.

Al hacerlo, quedarán mucho más sabrosas gracias al pan rallado, que las hará crujientes y sabrosas.

¡Que aproveche!

Guarnición de Verduras

Berenjenas al horno

TIEMPO DE PREPARACIÓN
10 Minutos

TEMPO DI COCCION
15 Minutos

PORCIONES
4 Raciones

VALORES NUTRICIONALES POR RACIÓN
70 kcal
7 g carbohidratos
2 g proteínas
3 g grasa

Ingredientes

2 berenjenas
al gusto Migas de pan
al gusto queso parmesano rallado
al gusto aceite de oliva virgen extra
al gusto sal fina

Procedimiento

Lavar las berenjenas y secarlas con papel absorbente. Cortar las berenjenas por la mitad a lo largo sin cortar los extremos y trincharlas suavemente con un cuchillo, formando un tablero de ajedrez, pero sin llegar a cortarlas del todo.

Untar la superficie de las berenjenas con aceite de oliva y espolvorear la mezcla de pan rallado y queso parmesano rallado por toda la superficie, incluso en las hendiduras creadas por los cortes.
Colocar las berenjenas en la cesta.

Rocíe la superficie con unas gotas más de aceite evo con un pulverizador.

Encender y hornear las berenjenas unos 15 minutos a 150°, los últimos minutos, una vez cocidas, subir a 200° para terminar de gratinar.

¡Que aproveche!

Guarnición de Verduras

Patatas en rodajas con bacon y romero

TIEMPO DE PREPARACIÓN
15 Minutos

TEMPO DI COCCION
12 Minutos

PORCIONES
3 Raciones

VALORES NUTRICIONALES POR RACIÓN
224 kcal
36 g carbohidratos
7 g proteínas
6 g grasa

Ingredientes

6 patatas medianas
50 g de bacon (en tiras)
1 ramita de romero
al gusto Aceite de oliva virgen extra
al gusto Sal fina

Procedimiento

Pelar las patatas y cortar cada patata en 2 partes haciendo un corte largo. A continuación, córtelos en trozos no demasiado grandes.

Enjuagar las patatas y ponerlas en remojo en agua fría durante unos 15 minutos. De este modo se elimina el exceso de almidón y se obtienen patatas crujientes por fuera y blandas por dentro.

Escúrralas y séquelas con papel de cocina. Poner las patatas en un bol y aliñarlas con aceite de oliva, tiras de bacon, sal y romero. Mezcla todos los ingredientes y espárcelos por la cesta.

Hornéelos durante 10-12 minutos a 180 grados. Compruebe si las patatas están cocidas pinchándolas con una brocheta o un tenedor, deben estar blandas por dentro.

¡Que aproveche!

Guarnición de Verduras

Patatas con ajo, aceite y guindilla

TIEMPO DE PREPARACIÓN
10 Minutos

TEMPO DI COCCION
10 Minutos

PORCIONES
4 Raciones

VALORES NUTRICIONALES POR RACIÓN
177 kcal
27 g carbohidratos
3 g proteínas
6 g grasa

Ingredientes

600 g Patatas
3 dientes de ajo
3 ramitas de romero
4 cucharaditas de aceite de oliva virgen extra
al gusto Guindilla (molida o en polvo)
al gusto Sal fina

Nota:
Evalúe bien de antemano la capacidad de su freidora de aire, puede que necesite dividir la cocción en dos.

Procedimiento

Pelar las patatas, cortarlas en gajos y ponerlas en remojo en agua fría durante al menos 15 minutos para eliminar el exceso de almidón.

A continuación, escúrralas y séquelas con papel de cocina.

Ahora prepara el condimento: pica la guindilla, el ajo y las agujas de romero.
Colocar las patatas en un bol y aliñarlas con la mezcla preparada anteriormente y el aceite de oliva.

Extender las patatas directamente en la cesta de la freidora de aire y hornear durante 8-10 minutos a 200°, dependiendo del tamaño de las cuñas de patata.
A mitad de cocción, darles la vuelta para una cocción óptima.

¡Que aproveche!

Guarnición de Verduras

Patatas fritas

TIEMPO DE PREPARACIÓN
10 Minutos

TEMPO DI COCCION
15 Minutos

PORCIONES
2 Raciones

VALORES NUTRICIONALES POR RACIÓN
177 kcal
27 g carbohidratos
3 g proteínas
6 g grasa

Ingredientes

300 g Patatas
1 cucharada de aceite de oliva virgen extra
al gusto Sal fina

Procedimiento

Lavar y pelar las patatas, cortarlas a lo largo de 1 cm de grosor aproximadamente.

Sumérgelas en agua fría y déjalas unos minutos (si puedes, déjalas 30 minutos para que suelten el almidón).

A continuación, escúrralos y séquelos con un paño limpio. Ponerlas en un bol y aliñarlas con aceite de oliva y sal.

Remuévalos bien y, a continuación, introdúzcalos en la freidora de aire y cocínelos durante unos 15-20 minutos a 200°, dándoles la vuelta de vez en cuando.

Disfruta de las patatas fritas con muchos segundos de este recetario. ¡Sus hijos no podrán prescindir de ellos!

¡Que aproveche!

Guarnición de Verduras

Alcachofas gratinadas

TIEMPO DE PREPARACIÓN
10 Minutos

TEMPO DI COCCION
20 Minutos

PORCIONES
2 Raciones

VALORES NUTRICIONALES POR RACIÓN
226 kcal
10 g carbohidratos
15 g proteínas
11 g grasa

Ingredientes

3 Alcachofas
2 Huevos
al gusto Migas de pan
al gusto queso parmesano rallado
al gusto aceite de oliva virgen extra
al gusto Sal fina

Procedimiento

En primer lugar, limpiar las alcachofas quitándoles las hojas exteriores y el tallo largo. Cortar las puntas superiores de la alcachofa, abrirla por la mitad y retirar la "barbette" central.

A continuación, corta cada alcachofa en 8 gajos. Escaldarlas en agua hirviendo con sal durante unos 10 minutos hasta que estén blandas. Mientras tanto, preparar el pan rallado combinando el pan rallado y el queso parmesano rallado.

Una vez escurridas y dejadas enfriar, pasar las alcachofas por los huevos batidos una a una y después por el pan rallado.

Colocar las alcachofas en la cesta ligeramente engrasada con aceite evo y encender la freidora, cocinarlas durante unos 8 minutos a 200°, dándoles la vuelta a mitad de cocción.
Finalmente se sazonan con una pizca de sal y se sirven calientes y crujientes.

¡Que aproveche!

Guarnición de Verduras

Patatas Hasselback

TIEMPO DE PREPARACIÓN
10 Minutos

TEMPO DI COCCION
30 Minutos

PORCIONES
2 Raciones

VALORES NUTRICIONALES POR RACIÓN
113 kcal
13 g carbohidratos
4 g proteínas
4 g grasa

Ingredientes

2 patatas uniformes del mismo tamaño
2 cucharadas de aceite de oliva virgen extra
al gusto Tomillo
al gusto Sal fina

Procedimiento

Lavar bien las patatas y pincharlas a 1 cm de la base con una brocheta de madera.

Hacer muchos cortes de 1 cm aproximadamente hasta la brocheta, para que se abran como un acordeón. Después de cortarlas, retirar la brocheta y aliñar con aceite de oliva, sal y tomillo.

Asegúrese de abrir bien las rodajas y sazónelas para que el condimento penetre en el interior.

Colóquelos en la cesta y hornéelos durante unos 35 minutos a 180°.

El tiempo de cocción depende principalmente del tamaño de las patatas y del grosor de las rodajas.
Así que vigila el tiempo de cocción para evitar que se quemen.

¡Que aproveche!

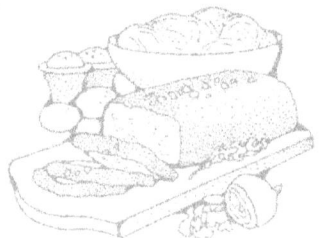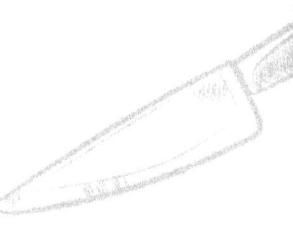

Guarnición de Verduras

Chalotes gratinados

TIEMPO DE PREPARACIÓN
10 Minutos

TEMPO DI COCCION
20 Minutos

PORCIONES
3 Raciones

VALORES NUTRICIONALES POR RACIÓN
103 kcal
12 g carbohidratos
2 g proteínas
5 g grasa

Ingredientes

6 chalotas
5 cucharadas de pan rallado
3 cucharaditas de aceite de oliva virgen extra
al gusto sal fina
al gusto Hierbas aromáticas

Procedimiento

Pelar y cortar en rodajas gruesas las chalotas.

Mezcle en un bol el pan rallado, la sal, las hierbas picadas de su elección y el aceite de oliva.

Cubrir las rodajas de chalota con el pan rallado.

Colóquelas en la cesta cubierta con papel de horno y rocíe unas gotas más de aceite evo.

Hornear unos 20 minutos a 180° hasta que el pan rallado esté completamente dorado.
Manténgalos bajo control para evitar que se quemen.

Si las prefiere aún más crujientes, aumente la cantidad de pan rallado y, si es necesario, déjelas cocer unos minutos más.

¡Que aproveche!

Guarnición de Verduras

Pimientos gratinados

TIEMPO DE PREPARACIÓN
5 Minutos

TEMPO DI COCCION
20 Minutos

PORCIONES
2 Raciones

VALORES NUTRICIONALES POR RACIÓN
200 kcal
19 g carbohidratos
3 g proteínas
12 g grasa

Ingredientes

1 Pimiento rojo
1 Pimiento amarillo
25 g de pan rallado
10 aceitunas negras sin hueso
1 ramita de perejil
1 puñado de alcaparras
al gusto Aceite de oliva virgen extra
al gusto sal fina

Procedimiento

Lavar los pimientos y retirar el pedúnculo central y las semillas.
Córtalas en tiras de medio centímetro de grosor y colócalas en un bol.

Añadir las aceitunas, una pizca de sal, perejil picado, alcaparras, pan rallado y unas gotas de aceite de oliva.

Remueva para mezclar todos los ingredientes y colóquelos en la cesta de la freidora de aire.

Hornéelos a 180° durante unos 20 minutos, removiendo de vez en cuando.
Vigila el tiempo de cocción porque puede variar en función de su tamaño y del modelo de freidora.

Los pimientos gratinados son una excelente guarnición para acompañar muchos platos de carne. Elige tu combinación favorita.
¡Que aproveche!

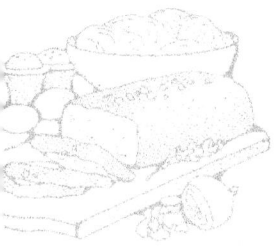

Guarnición de Verduras

Palitos de boniato

TIEMPO DE PREPARACIÓN
5 Minutos

TEMPO DI COCCION
15 Minutos

PORCIONES
1 Raciones

VALORES NUTRICIONALES POR RACIÓN
221 kcal
36 g carbohidratos
4 g proteínas
7 g grasa

Ingredientes

1 Boniato
1 cucharadita de aceite de oliva virgen extra
al gusto Sal fina
al gusto Pimentón
al gusto Pimienta negra

Procedimiento

En primer lugar, pela el boniato y córtalo en bastones de aproximadamente 1 cm de grosor.

Intenta que todos los palitos tengan el mismo tamaño para que todos se cocinen por igual.

Colocar los palitos en un bol y aliñarlos con aceite de oliva, sal, pimienta y pimentón.

Mézclelos bien, colóquelos en la freidora de aire y cocínelos durante unos 15 minutos a 200°, dándoles la vuelta de vez en cuando hasta que se doren.

Ahora sólo queda ajustar las raciones en función del número de comensales.

¡Que aproveche!

Guarnición de Verduras

Espárragos envueltos en jamón

TIEMPO DE PREPARACIÓN
5 Minutos

TEMPO DI COCCION
12 Minutos

PORCIONES
2 Raciones

VALORES NUTRICIONALES POR RACIÓN
157 kcal
2 g carbohidratos
23 g proteínas
6 g grasa

Ingredientes

10 Espárragos
10 lonchas de jamón crudo
al gusto Aceite de oliva virgen extra
al gusto Pimienta negra

Procedimiento

En primer lugar, precaliente la freidora de aire a 150° y, a continuación, limpie los espárragos retirando los tallos y la carne exterior con un pelador.

A continuación, sazónelas con aceite de evo, sal y pimienta.

Envuelve cada espárrago con una loncha de jamón serrano y colócalos en la cesta.

Hornéelos durante 12 minutos a 150°.

Si es necesario, prolongar la cocción unos minutos más hasta que se dore por completo.

Disfruta de los espárragos en esta versión súper sabrosa gracias al crujiente del prosciutto crudo.
¡Pruébalos también con bacon o panceta ahumada!

¡Que aproveche!

Postres

Pudin ligero de limón

TIEMPO DE PREPARACIÓN
5 Minutos

TEMPO DI COCCION
9 Minutos

PORCIONES
1 Raciones

VALORES NUTRICIONALES POR RACIÓN
566 kcal
42 g carbohidratos
24 g proteínas
33 g grasa

Ingredientes

*200 g de queso untable ligero
1 huevo
Zumo y ralladura de 1/2 limón
3 cucharadas de azúcar*

Ahora sólo tienes que ajustar las dosis en función del número de comensales.

Procedimiento

Mezclar el queso de untar con el huevo en un bol, añadir a continuación la ralladura y el zumo de limón, el azúcar y remover bien para mezclar todos los ingredientes.

Verter la mezcla en una cazuelita de barro apta para cocinar en freidora de aire.

Cocer los primeros 7 minutos a 160°, luego subir la temperatura a 175° y cocer otros 2 minutos.

Si lo prefiere, puede añadir arándanos u otras bayas.

Este es un pastel muy rápido y súper sencillo de preparar.

¡Que aproveche!

Postres

Chips de manzana

TIEMPO DE PREPARACIÓN
5 Minutos

TEMPO DI COCCION
9 Minutos

PORCIONES
1 Raciones

VALORES NUTRICIONALES POR RACIÓN
114 kcal
27 g carbohidratos
0 g proteínas
0 g grasa

Ingredientes

1 manzana roja
1 cucharada de azúcar en polvo
1/2 limón

Procedimiento

Lavar bien la manzana y, sin cortarla, retirar el corazón central. Si no dispone de la herramienta adecuada, córtelos en rodajas con una mandolina o un cortafiambres y retire después la parte central.

Una vez obtenidas todas las rodajas de manzana, sazónalas con zumo de limón y azúcar.

Coloque las rodajas de manzana en la cesta de la freidora de aire y, para evitar que salgan volando durante la cocción, ponga encima una pequeña rejilla invertida de modo que las bloquee.

Cocer los primeros 5 minutos a 160°, luego subir a 180° y cocer 2 minutos más.

Los chips de manzana son perfectos para disfrutar como tentempié en casa o para llevar a todas partes.
Si lo desea, puede añadir canela a las rodajas de manzana antes de hornearlas.
¡Que aproveche!

Postres

Galletas de chocolate sin mantequilla

TIEMPO DE PREPARACIÓN
15 Minutos

TEMPO DI COCCION
7 Minutos

PORCIONES
10 Galletas

VALORES NUTRICIONALES POR GALLETTA
129 kcal
18 g carbohidratos
2 g proteínas
5 g grasa

Ingredientes

150 g Harina 00
1 huevo
50 g Azúcar
35 ml Aceite de semillas
1/2 cucharadita de levadura en polvo
50 g Chispas de chocolate

Procedimiento

Mezclar la harina, el azúcar y el aceite de semillas en un bol y empezar a trabajar con las manos o con un batidor si se utiliza una batidora planetaria. A continuación, añadir el huevo, una pizca de levadura en polvo y seguir amasando.

A continuación, amasar la mezcla con las manos hasta que esté firme y compacta, añadir las pepitas de chocolate y formar una bola de masa.

A continuación, enharine ligeramente la superficie de trabajo y parta trozos de masa quebrada, procurando que tengan el mismo peso.

Aplastar ligeramente los trozos de masa quebrada con las manos, dándoles la clásica forma redonda.

Coloque momentáneamente una hoja de papel de horno sobre la cesta. A continuación, coloque suavemente las galletas sobre el papel de hornear sin solaparlas y hornéelas durante 6-7 minutos a 160°, dándoles la vuelta a la mitad.

Pasados unos minutos, puede retirar el papel de horno. ¡Que aproveche!

Postres

Ciambellone con ricotta y chocolate

TIEMPO DE PREPARACIÓN
10 Minutos

TEMPO DI COCCION
20 Minutos

PORCIONES
Molde de 18 cm

VALORES NUTRICIONALES POR RACIÓN
2257 kcal
293 g carbohidratos
53 g proteínas
97 g grasa

Ingredientes

200 g Harina 0
200 g de Ricotta
2 Huevos
80 g Chocolate negro
100 g Azúcar glas
1 sobre de levadura en polvo
30 ml Aceite de semillas

Nota:
Necesitará un molde para donuts de 18-20 cm

Procedimiento

En un bol, batir el azúcar con los huevos utilizando una batidora eléctrica hasta que estén espumosos y suaves. A continuación, añada el aceite de semillas y el queso ricotta, y siga batiendo hasta que estén bien mezclados.

Tamizar la harina y la levadura en polvo y añadirlas al bol poco a poco. Por último, añadir el chocolate negro en gotas o cortado en trozos pequeños. Mezclar la mezcla hasta que todos los ingredientes estén combinados.

Ahora engrasa y enharina el molde para rosquillas y vierte la masa en él. Nivélalo y añade otro puñado de chocolate por encima.

Precalentar la freidora unos minutos a 160°, luego colocar el molde en la cesta y hornear durante unos 20 minutos. Comprobar la cocción con un palillo de madera, éste debe salir seco.

El donut es perfecto para disfrutar después de comer, como tentempié o incluso en el desayuno, en resumen, ¡en cualquier momento!

¡Que aproveche!

Postres

Raviolis dulces con ricotta y limón

TIEMPO DE PREPARACIÓN
20 Minutos

TEMPO DI COCCION
15 Minutos

PORCIONES
25 Raviolis

VALORES NUTRICIONALES POR RAVIOLI
60 kcal
6 g carbohidratos
1 g proteínas
2 g grasa

Ingredientes

Para la masa
150 g Harina 00
25 g Azúcar
50 ml Leche
1 huevo (pequeño)
20 g Mantequilla
al gusto Cáscara de limón
Para el relleno
250 g de Ricotta
25 g de azúcar
al gusto Cáscara de limón

Procedimiento

Primero prepare el relleno: escurra la ricotta y póngala en un bol junto con el azúcar y la ralladura de limón y mézclelo todo.
A continuación, prepare la masa: ponga la harina, el azúcar, el huevo, la ralladura de limón y la mantequilla blanda cortada en dados en el bol de la batidora planetaria.

Amasar y añadir la leche poco a poco. Amasar hasta que la masa esté lisa y homogénea. Divide la masa en dos para trabajarla mejor, y empieza a extenderla, necesitarás una lámina de 1-2 mm de grosor.

Con un cortapastas redondo o una rueda de pastelería, cortar cuadrados de unos 7 cm por lado. Añadir una cucharadita de relleno en el centro y doblarlos para formar raviolis, teniendo cuidado de sellar bien los bordes.

Continúe hasta que estén todas cerradas. Coloque los raviolis en la cesta de la freidora sin solaparlos, úntelos con aceite de semillas y cuézalos unos 10 minutos a 200°, dándoles la vuelta a mitad de cocción.
¡Que aproveche!

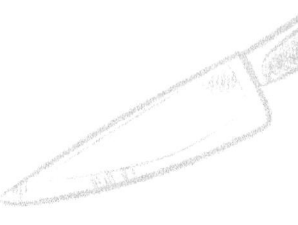

Postres

Buñuelos de manzana

TIEMPO DE PREPARACIÓN
10 Minutos

TEMPO DI COCCION
8 Minutos

PORCIONES
12 Buñuelos

VALORES NUTRICIONALES POR BUÑUELO
48 kcal
7 g carbohidratos
1 g proteínas
1 g grasa

Ingredientes

1 Manzana
1 huevo
65 g de harina 00
50 ml de leche
20 g de azúcar
1 cucharada de aceite de semillas
1 cucharadita de levadura en polvo

Procedimiento

Prepare la masa combinando todos los ingredientes en un bol y mezclándolos con un batidor de varillas hasta que quede suave y bien mezclada.

La masa no debe estar demasiado blanda, de lo contrario se deslizará en la cesta, así que si es necesario añada un poco de harina cada vez hasta que espese.

Retire la piel de la manzana, saque el corazón con un descorazonador y córtela en rodajas de medio centímetro.

Sumerja una rebanada cada vez en la masa, escurriendo el exceso, y colóquelas en la cesta ligeramente engrasada y cocínelas en una freidora de aire precalentada a 200° durante unos 8 minutos.

Cúbralos con azúcar glas y sírvalos aún calientes para disfrutarlos al máximo.

Si lo desea, puede añadir canela en polvo a la masa para aromatizarlos.
¡Que aproveche!

Postres

Pastel de chocolate con un corazón suave

TIEMPO DE PREPARACIÓN
5 Minutos

TEMPO DI COCCION
10 Minutos

PORCIONES
2 Raciones

VALORES NUTRICIONALES POR RACIÓN
483 kcal
44 g carbohidratos
6 g proteínas
31 g grasa

Ingredientes

75 g Chocolate negro
1 huevo
35 g Azúcar
15 g Harina 00
40 g Mantequilla

Nota:
Para esta receta necesitarás 2 ramequines de aluminio, o si decides aumentar las cantidades, 1 ramequín cada uno.

Procedimiento

Derretir el chocolate negro y la mantequilla al baño maría o en el microondas y dejar enfriar. Mientras tanto, bata el huevo y el azúcar en un bol hasta que estén espumosos y esponjosos, añada entonces la harina tamizada e incorpórela a la mezcla.

Ahora añade la mantequilla derretida y el chocolate al bol y remueve para mezclar bien todos los ingredientes.

Engrasar los ramequines de aluminio con mantequilla y harina o mantequilla en spray y verter la mezcla en ellos, dejando aproximadamente 1 cm de espacio desde el borde para que no se derrame durante la cocción.

Precaliente la freidora durante unos minutos a 200°, luego coloque los moldes en la cesta y hornéelos durante unos 5 minutos a 200°.

Una vez cocidos, déjalos reposar unos instantes y, a continuación, dales la vuelta sobre un plato y cúbrelos con azúcar glas.

Servir absolutamente todavía caliente para conseguir el efecto de corazón blando.
¡Que aproveche!

Postres

Magdalenas con pepitas de chocolate

TIEMPO DE PREPARACIÓN
15 Minutos

TEMPO DI COCCION
15 Minutos

PORCIONES
3 Raciones

VALORES NUTRICIONALES POR RACIÓN
221 kcal
27 g carbohidratos
5 g proteínas
10 g grasa

Ingredientes

70 g de harina 00
30 g Azúcar
30 g de mantequilla (a temperatura ambiente)
30 ml Leche
1 huevo (pequeño)
1/4 sobre de vainillina
3 g de levadura en polvo
30 g Chispas de chocolate

Procedimiento

Mezclar el azúcar con la mantequilla a temperatura ambiente utilizando una batidora eléctrica, luego añadir el huevo y, a continuación, la leche en un chorro bajo sin dejar de batir. Debe obtenerse una mezcla homogénea.

A continuación, añadir la harina tamizada, la levadura en polvo y la vainillina poco a poco. Por último, vierta las pepitas de chocolate y mezcle bien. Vierta la mezcla en moldes para magdalenas y colóquelos en la freidora de aire precalentada.

Hornear a 180° durante unos 15 minutos. Introduce un palillo de madera en el molde para comprobar si está cocido, debe estar seco y no húmedo.

Puedes sustituir las pepitas de chocolate por arándanos para obtener otra variante de muffin.

Ideal para llevar como tentempié o simplemente para disfrutar en el desayuno o como tentempié.

¡Que aproveche!

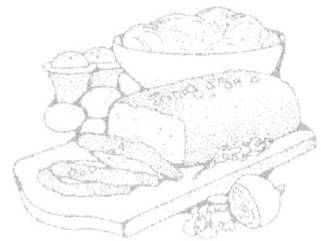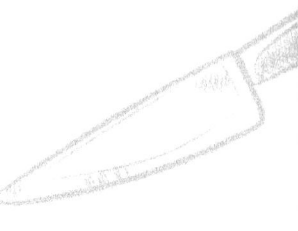

Postres

Brownie de chocolate negro

TIEMPO DE PREPARACIÓN
10 Minutos

TEMPO DI COCCION
15 Minutos

PORCIONES
2 Raciones

VALORES NUTRICIONALES POR RACIÓN
378 kcal
33 g carbohidratos
5 g proteínas
25 g grasa

Ingredientes

20 g Harina
30 g Azúcar
40 g Mantequilla
40 g de chocolate negro
1 huevo (pequeño)
4 g Polvo de hornear
al gusto Sal fina

Procedimiento

En primer lugar, derrita el chocolate y la mantequilla al baño maría o en el microondas.

Mientras tanto, mezclar el huevo, el azúcar y una pizca de sal en un bol; a continuación, añadir el chocolate y la mantequilla templados y seguir mezclando.

Añadir la harina y la levadura poco a poco y tamizarlas juntas. Mezclar hasta integrar todos los ingredientes y verter en el molde cubierto con papel de horno.

Precalentar la freidora a 180°. Introducir el molde y hornear durante 15 minutos a 180°, controlando de vez en cuando. Dejar enfriar antes de servir.

Los brownies son perfectos para disfrutarlos en el desayuno o como tentempié.
Sin duda, ¡sus hijos le pedirán que vuelva a hacerlos!

¡Que aproveche!

Postres

Croissants de chocolate

TIEMPO DE PREPARACIÓN
10 Minutos

TEMPO DI COCCION
12 Minutos

PORCIONES
12 Pequeñas croissants

VALORES NUTRICIONALES POR RACIÓN
112 kcal
11 g carbohidratos
1 g proteínas
6 g grasa

Ingredientes

1 rollo de hojaldre rectangular
1 huevo
al gusto Azúcar
al gusto Crema de chocolate

Nota:
Los valores nutricionales se basan en el uso de 80 g de crema de chocolate, en caso de utilizar menos, los valores serán obviamente inferiores.

Procedimiento

Desenrolle el hojaldre y córtelo inicialmente en 4 partes iguales. Cada cuarto obtenido córtalo en 3 triángulos, obteniendo así un total de 12 triángulos iguales.

Rellenar los triángulos con crema de chocolate en la base y enrollarlos desde la base hasta la punta en forma de croissants. Colocar los cruasanes en la freidora con papel de horno, batir el huevo con el azúcar y pincelarlo por la superficie para conseguir un bonito color dorado.

Hornéelos durante unos 12 minutos a 180° hasta que se doren.

Puede rellenarlos a su gusto con crema pastelera, crema de pistacho o mermelada.

También puede sustituir la harina por harina integral para obtener una versión más rústica.

¡Los cruasanes son perfectos para un sabroso desayuno y para cualquier otra ocasión!
¡Que aproveche!

Postres

Espirales de canela

TIEMPO DE PREPARACIÓN
10 Minutos

TEMPO DI COCCION
15 Minutos

PORCIONES
6 Espirales

VALORES NUTRICIONALES POR RACIÓN
281 kcal
30 g carbohidratos
2 g proteínas
16 g grasa

Ingredientes

1 rollo de hojaldre rectangular
100 g Azúcar
(extrafino o moreno)
50 g de mantequilla
al gusto Canela en polvo

Procedimiento

Derretir la mantequilla y añadirla al azúcar y la canela. Extender la masa y untar toda la superficie con la mezcla de azúcar, mantequilla y canela, reservando un poco para más tarde.

A continuación, enrolle la masa por el lado largo. Cortar el rollo en rodajas de unos 5 cm de grosor y colocarlas con cuidado en la cesta con papel de horno, colocadas horizontalmente.

Pincelarlas por la superficie con la mezcla de antes y hornearlas a 180° durante unos 15 minutos, vigilando la cocción durante el primer tiempo para evitar que se quemen.

Si es necesario, prolongar el tiempo de cocción.

Son perfectos para disfrutarlos en el desayuno con una taza de leche o simplemente como tentempié para llevar fuera de casa.

Si a tus hijos no les gusta la canela, puedes sustituirla por cacao en polvo para obtener una versión aún más sabrosa.

¡Que aproveche!

Postres

Tarta dietética de manzana con claras de huevo

TIEMPO DE PREPARACIÓN
10 Minutos

TEMPO DI COCCION
15 Minutos

PORCIONES
4 Raciones

VALORES NUTRICIONALES POR RACIÓN
69 kcal
14 g carbohidratos
3 g proteínas
0 g grasa

Ingredientes

75 g Claras de huevo (aprox. 2 claras de huevo)
30 g de harina
20 g Azúcar de caña
1 manzana roja
1 cucharadita de canela en polvo
1/2 sobre de levadura en polvo

Procedimiento

Vierta las claras en un bol, añada el azúcar moreno y bátalas a punto de nieve con una batidora eléctrica.

Tamizar la harina, la canela y la levadura en polvo en un bol y añadir la mezcla poco a poco a las claras y seguir batiendo.

Mientras tanto, pela las manzanas, quítales el corazón y córtalas en rodajas de medio centímetro aproximadamente.

Forre con papel de horno un molde no muy grande de un tamaño adecuado para su freidora.

Vierta la mezcla y alísela con una espátula, luego añada las rodajas de manzana a la superficie.

Colocar el molde en la cesta de la freidora de aire y hornear durante unos 15 minutos a 160°, comprobando la cocción con un palillo de madera antes de desmoldar.

¡Que aproveche!

Conclusión

Muchas gracias por leer hasta aquí.
Espero de verdad que haya disfrutado del libro de cocina en color y que le haya gustado la elección de producirlo en color, cosa que nadie hace debido a los elevados costes de impresión.
Junto con mi equipo decidimos hacer caso omiso de esto y favorecer al cliente dándole exactamente lo que quiere, ya que lo que faltaba en tu librería era un libro de cocina para freidoras de aire a todo color.

Además, como has podido comprobar, este libro de cocina es completamente diferente a los que puedes encontrar en tu liberría.
Tiene una plantilla/estructura mucho mejor y para cada receta hay una foto a todo color, cosa que falta en todas las demás.

En la página siguiente he creado un índice por orden alfabético para que puedas encontrar las recetas más rápidamente en caso de que quieras repetirlas.

Dejar una reseña tu librería

Espero de verdad que todo esto haya añadido valor a mi libro, y le ruego que escriba una reseña en tu librería sobre mi trabajo y el de mi equipo, le estaríamos enormemente agradecidos.

Recetas por orden alfabético

A

Albóndigas de calabacín y queso ricotta (sin huevo) 29

Albóndigas de calabaza y ricotta   13

Albóndigas rellenas de queso   31

Alcachofas gratinadas   55

Alitas de pollo con pimentón ahumado   33

Aros de cebolla fritos   17

Atún en costra de semillas de amapola   46

B

Berenjenas al horno 51

Berenjenas rellenas 27

Bocadillos rústicos con jamón cocido y queso mozzarella 23

Boquerones fritos   44

Brochetas de gambas gratinadas con limón   39

Brochetas de gambas y calabacín   40

Brownie de chocolate negro   69

Buñuelos de calabacín   22

Buñuelos de manzana   66

C

Calamares fritos   37

Chalotes gratinados 57

Chips de manzana   62

Chips de pollo   21

Ciambellone con ricotta y chocolate 64

Coles de Bruselas gratinadas   50

Costillas de cerdo   32

Croissants de chocolate   70

Croquetas de patata con mortadela   16

D

Dorada en freidora de aire   48

E

Espárragos envueltos en jamón   60

Espirales de canela   71

F

Filete de pez espada empanado al estilo mediterráneo   42

Flanes de huevo y bacon   15

Flores de calabacín rellenas de ricotta y jamón   30

G

Galletas de chocolate sin mantequilla   63

Gambas en freidora   41

Gambas fritas con sal y pimienta   47

H

Hamburguesa rellena de queso   25

M

Magdalenas con pepitas de chocolate   68

Magdalenas saladas con parmesano y speck   24

Mozzarella en carrozza   18

Muslos de pollo dorados al romero   28

P

Palitos de boniato   59

Panecillos salados con jamón cocido y queso   14

Paquetitos de calabacín con un relleno suave   35

Pastel de chocolate con un corazón suave   67

Patatas con ajo, aceite y guindilla   53

Patatas en rodajas con bacon y romero   52

Patatas fritas   54

Patatas Hasselback   56

Pimientos gratinados   58

Pinchos de patatas y salchichas   19

Pudin ligero de limón   61

R

Raviolis dulces con ricotta y limón   65

Rollitos de berenjena rellenos de pizzaiola   26

S

Sepia rellena   43

T

Tarta dietética de manzana con claras de huevo   72

Tarta salada de calabaza con mozzarella y queso parmesano   36

Tentáculos de calamar gratinados   38

Tentáculos de calamar gratinados   45

Tiras de pollo con copos de maíz   34

Tortilla de brócoli   20

V

Verduras en dados   49

www.ingramcontent.com/pod-product-compliance
Lightning Source LLC
LaVergne TN
LVHW070216080526
838202LV00067B/6832